JN026399

頑張るだけでは
英語力は伸びませんよ

新 高校生諸君！
志望校に合格し、使える英語力を！

LISTENING

WRITING

アダモービス社編

READING

SPEAKING

三省堂書店
創英社

この本を当社アダモービスのお客様全員に捧げる。

はじめに

　ようこそ。

　この本は、中学校を卒業し高校に受かった新高校生を読者に想定しています。高校での学習に快いスタートダッシュが切れるよう、高校生活が始まる前の春休みに読んで演習をしてもらえることを願い書きました。でも、内容は中学生から大人までと幅広い英語学習者にいつでも読んで演習をしていただけるものです。インターネットへのアクセスと、スマホでも結構ですが、できたらタブレットやラップトップ等大きめの画面のあるものが使えることが望ましい環境です。

　ここに書かれている演習に取り組み、着々とこなしていけば、学生なら模試や入試で必要となる学力はもとより、読み聴き書き話せるという言語の４技能を網羅した総合的な英語力が得られます。大人であれば、英語の各種標準・資格試験に合格し高得点を獲得でき、実践で使える英語力が得られます。演習を積んでおけば、英語力が足りなかったので入学試験に合格しなかった、英語力不足だったため留学や海外赴任が実現しなかったというようなことはなくなります。

　当社アダモービスはアメリカの会社で、スタッフは英語のネイティブスピーカーおよび、日本語と英語の両方が使えるバイリンガルです。創立以来10余年、日本人英語学習者の英語教育に従事してきました。その中で、学習者に欠如している部分を補い、実践で使えるまでに英語力を高めるお手伝いをしています。そのノウハウをこの書籍にまとめてあります。

さて、君は中学校を卒業し、高校に受かりましたね。おめでとう。この本は、4月に高校へ入るまでの春休みを利用して読んでもらい、演習を一通りこなしていただきたいと思い書いております。しかし何事も始めるに遅すぎることはありませんので始めるのはいつでも結構です。春休みに高校から宿題が出たら、それを終えましょう。学校が始まって、宿題の試験があることは明らかです。その上で、この本に掲載した課題6種類12問を1サイクルとしてやり終えておくと、2サイクル目からどう学習を続けていくかがわかっていいでしょう。例えば、毎日1時間時間を設け、1問ずつこなせば、そんなに大変ではありません。1時間で1問こなせなければ、翌日続ければいいでしょう。学校が始まった後も、同様の演習を1サイクルごとに繰り返していくといいのです。

　大学への進学を当然と考えているなら、高校在学中となるこれからの3年間に英語を決しておろそかにしてはいけません。なぜなら、共通テストはもちろんのこと、大学入試の二次試験では、試験科目に国語や数学はなくても英語がない学部はほとんどないからです。学校で教わったことは、必ず身につけるようにしていきましょう。学習指導要領も改訂され、読めれば良いであった昔の英語教育も、言語の4技能の習得を奨励するものに変わっているのをご存知でしょう。現在の傾向として、英作文を出題する大学が多くなり、学部によってはリスニングや口頭試問・面接、スピーキングのテストもあります。ですから、この本には4技能を操れる英語の総合力をつける方法を書いてあります。

　そもそも、なぜ勉強するのか、と疑問を持たれる人もあると思われます。理由は、将来成功するためや豊かに暮らすためというより、人生において、知らなかったことや出来なかったことで自分が傷つかないためや損をしないためと考えられたほうがいいでしょう。現実を切実に考えましょう。つまり、出来なかったら、知らな

かったら損をするし傷つくのです。例えば、大学入試合格者発表で自分の受験番号があるのとないのとでは、自信に大きく影響します。なかったら、自分が傷つくのです。生きていく上で、困難は常にあります。新しい物事・馴染みのないもの・変化など、様々です。何かが出来ない・何かを知らないということは、困難がどんなものであれ、恐怖を伴います。怖いのです。自分が困難に立ち向かえるという自信を持ち、傷つかず損をしないよう多様な問題を解決できる力を得るために学習するのです。

　一生懸命頑張って出す成果は、どう一生懸命頑張るかという勉強法にかかっています。一生懸命やるなら、頑張るなら、効果のある方法を取らなければ実を結びません。どんなに時間を費やしても、どれほどの「努力」を重ねても実らない学習方法はいくらでもあります。一生懸命頑張りました、だけで結果が伴わなければ、成績は良くなりません。その、成果が出る方法をここに書いておきました。

　また、なぜ教科書以外の勉強をしなければならないのか、と思うかもしれませんね。それは、どの教科であっても、教科書に書いてあることだけでは情報量が少ないからです。教科書の学習だけでは、大学入試に受かる学力も模擬試験で高得点を取る学力もつきません。だから、誰しも塾や予備校に通い、問題集や通信（オンライン）添削などで学習の幅を広め、より高い学力をつけようとしています。ここに書いてあるのは、これらの方法よりはるかに効率よく効果的に、非常に高い学力をつけ英語を使いこなせるようになるための方法です。

　将来、一生の仕事と思えるような意義ある社会貢献ができる、英語力を使い国際的な貢献のできる人に自分がなりたいと思うなら、自分をまずよく知ることです。その上で、目標を立てましょう。目

標がなければ、達成はありません。ネットで大学のサイトを見るなどして、どんな学部に進むべきか、大学でどういう勉強をしたいかを考えておくといいでしょう。大学を卒業した後、何をし、どのような職業につきたいかなども日々考えて、高校生活をいきいきと送ってください。本書を利用し、じっくりと学習に励まれますことをお祈りしています。

アダモービス社

目　次

第1章

国語力

ここ10年ほど、日本人英語学習者の学習指導にあたってきたことは、「はじめに」のページで申し上げた通りです。ライティングでは、現在20,000件超の作品を添削・校正しています。お客様は皆さん、それこそ一生懸命書いていらっしゃいます。

　その中で、当初、この人の英語力はこのままなら絶対伸びないだろうと思った方々が少なくありません。そういう人には、2種類あります。1つ目は、「国語力が欠如している人」です。国語力がどこでわかるかというと、和文で書かれた課題の理解度と、英文の作品に添えられた和文にあります。和文に間違いが多く年齢に比べてつたない、作品の冒頭と末尾のつじつまがあわない、与えられた課題に対し的外れな解答をする、書いてある事実に間違いがある、などです。

　与えられた課題に的外れな解答というのは、例えば、一生働かずに生きていけるほどお金持ちになったとすると、あなたは働きますか、といった問題が与えられた場合、美味しいものをたくさん食べても、旅行を何度もしてもいずれは飽きるので、私は決して飽食や旅行三昧はしません、といったものです。働きますか、という問題に答えていません。

　事実に間違いがある場合、というのは、高校生ともなれば、環境問題の課題を与えられる場合が多いでしょう。その中で、温室効果ガス（greenhouse gases）は当然登場し、二酸化炭素が話題になります。二酸化炭素は、英語では CO_2（下付き文字が使えない場合はCO2）や、carbon dioxide と書くところですが、ダイオキシンdioxinなどと誤ったことを書いてしまうものです。

　作品の冒頭と末尾のつじつまが合わない作品というのは、小学生にスマホをもたせることに賛成か反対か、と問われた場合、最初は

反対です、と解答するものの、結論で、スマホは目に悪いので、私は使いません、となっているような場合です。

また、添えられた和文以上に英文の作品が良かった例（ためし）はありませんでした。小・中学生なら、これから思考力や国語力が備わっていくという希望も持てますが、高校生以上なら自発的な努力が必要です。

２つ目は、毎日作品を書くものの、「前回の復習を全くしてこない人」です。毎回毎回同じ間違いを平気で繰り返し、少しも上達していかないのです。復習をしているなら、訂正された間違いは少なくとも減ることが期待され、同じ頻度で繰り返すはずがないと思われます。間違いを恐れるな、とは言いますが、同じ間違いを繰り返してもたくさん書けば良い、のではありません。また添削・校正された間違いが、なぜ間違いなのかという解説の和文を読んでもわからなければわかる努力をすべきですが、全然していません。

これには理由があります。最初は、「英語のライティング力を上げるぞ」、「上手になるぞ」、という目標で、添削を受け始めるのですが、そこから、「じゃ、毎日書くぞ」、といった目標が登場するのです。上手になるためには、課題に取り組み良い作品が書けるように予習も必要ですし、添削されたものを復習することも必要ですのに、それをする時間が必要であるということを考えにも予定にも入れていないので、書かなきゃ、ということで書くだけに終わってしまう場合が１つです。

もう１つの理由は、かけた金銭の利用度を最大化しようとするためです。どういうことかというと、例えば、一回ごとに添削を依頼すると、100語で100円かかるとします。１ヵ月を30日と考えると毎日書いたら3000円です。ところが、月額ですと1500円で毎日

何回でも添削してもらえる、という月額コースがある場合、15回書けば、元が取れるにもかかわらず、最大限に利用して、30回書こうとするからです。一日に何度書いてもいいというのですが、時間にも労力にも限りがあるため、一日2度は毎日書けません。ということで、これもまた、毎日書くという目的にすり替わってしまうのです。

　ここで考えなければいけないのは、上手になるということであった目標が、金銭上での最大利用化や毎日書くという目標に、変わっていく点です。上手になる、という目標を見失ってはいけません。つまり、毎日書いても、かけたお金を最大限利用しても、ライティングはうまくならないのです。

　大多数の人は、平易な和文ならそれを英語にした場合もそれほど問題はないのですが、話が少し複雑になったり詳しくなったりすると和文でも表現できなくなります。そのため、英文にした場合に、文法や表現に大幅な間違いをしています。資格試験で点数が伸び悩んでいる人、ある級までは受かったのだけれど次の級に受からない人は国語力不足なのではなかろうかと考えてみましょう。英語を勉強するのに、国語力から強化していくのは遠回りと思われるかもしれません。しかし、伸び悩みは、英語学習において国語力がないまま近道をした結果です。

　国語力はそれ自体も大切ですが、君が英語においてこういう事態を招かないようにするには必須です。国語をゆめゆめ軽んじてはいけません。国語学習の重要性を強調しておきます。一般論として英文学科より国文学科を卒業した人のほうが、英語がうまくなるとおっしゃった作家のお話を今でもよく覚えています。全く、おっしゃる通りです。

　和文でも英文でも、ライティングやスピーキングは、もとを正せば自分の思考を伝えることにほかなりません。これには、まずもって、言語能力つまり意思疎通できる力が必要になります。その意志を日本語で伝える力が国語力、英語で伝える力が英語力と考えられます。英語が第二言語である通常の日本人にとっては、英語力は国語力の上に成り立つものであり、国語力が英語力をつける原動力なのです。大学入試の二次試験に国語がない場合でも、国語を無視したら英語力は伸びません。しかしながら、国語力が付く学習をするということは取り立ててないのではないでしょうか。

　読解力を試す長文問題や、文法の問題などがテストで出題されるため、試験に備えて問題集の問題を解くことはあるでしょう。ですが、これは「始めに問題ありき」の学習法で、問題集の問題を解くことだけでは、国語力は付きません。問題は国語力があるかどうかを試すものであって、国語力を養うものではないのです。国語力を養うには、本を読み朗読を聴き、考えを書きそれを話すという実際の言語活動を活発に行うことが必要です。

　しかし、活字を読むことをいとい、活字から情報を得るということがほとんどできない生徒も増えています。字面を読むだけで、いわゆる「行間を読む」ことができず書き手の意図や書かれた内容を把握することができない人もいます。読書感想文を書けと言っても、あらすじになってしまいがちです。この情報把握能力は、表やグラフを見て傾向を論議せよという場合にも当てはまり、表やグラフに出ている個別のことや目に見える差異にしか目を向けられなくなっています。写真描写の問題でも然りです。読解問題で間違えてしまうのも、グラフを与えられて傾向を論議する場合や画像描写で高得点が取れないのも、ここに原因があります。

　作文というのは、小学校で書くだけで、高校の教科に登場するこ

とはほとんどないと思われます。また、作文を書くにしても作文には読み手がいることや、伝えたいことの展開方法を考えて書いた経験がほとんどないため、他人が読んでもわかりづらい順不同の独りよがりな作品になりがちです。特に最近は、携帯やスマホが普及し超短いメッセージを素早くやり取りする機会が急速に増えました。そのため、日本語は、それ以前にすでに怠惰な言語であった上に、その怠惰さがさらに加速し同年代の親しい友人同士以外には皆目見当がつかない文字や絵文字を並べたメッセージをよく見かけます。「てにをは」も、まるでめちゃくちゃです。そんな和文を日常的に書いていると、国語でも英語でも書くに値する作文は書けません。

　また、授業中に先生のおっしゃっていることが、耳に入らない・入ってもわからないという生徒もいます。わかっていないことさえもわかっていない生徒もあります。こうなったら、自発的なノートも取れないし、先生が書かれたことだけノートに書き写しても復習もできません。授業が退屈で眠くなり苦痛でたまらないから、ただただ終了ベルを待つのみというのでは学生のすべきことをしていないことになります。さらに普段の会話でも、相手の言っていることが把握できず言葉の端々を捉え反論する人もいます。それではとんちんかんで、会話になりません。

　会話は日常生活の中で行われるでしょうが、無口な生徒になると、一日中ほとんど何も言わずに済ますといったこともあるようです。無口になってしまうと、話さねばならない時に二言三言ぶっきらぼうな返事をするのみです。それでは使わない筋肉が退化するように、まとまった話ができなくなります。無口な人は、普段は寡黙でも自分の選択で、話すべき時に話せるようになっておくことが必要です。おしゃべりな人は、無駄なことを省いて要点を話せるようになる訓練が必要です。作文と同様に、聞き手を意識しまとまった話を人前ですることや学習発表などは、学校の活動でもほとんどな

いと思われます。日本語でも、書いたり話したりする言語活動があまり盛んではなく、これでは英語で同様の言語活動をする場合、困難に見舞われるのは明らかです。

　国語だからと「楽勝、楽勝！」で、何でもわかるというのはおごりです。国語でも、知らない語彙や読めない漢字は必ずありますし、ぼんやりとしか意味を理解していない表現もあります。また、書き手の意図が読み取れないことはよくあることです。和文英訳の問題で、その和文は国語力がないと解釈できないものもあります。書かれている字面を読むだけでは誤解してしまい、英訳を間違えてしまっているのを見るのは誠に残念という他ありません。

　ということで、英語力をつけるには、まず国語力を上げることから始めましょう。国語力をつけるには、読書と作文、朗読されたものを聴く・考えたことを話すといった練習を繰り返すことが最短の近道です。たとえ、「私には国語力がある」と自負している君でも、国語力は一生必要でついて回るものです。なので、すでに高い国語力ならそれをさらに高めるため、学習されることをおすすめしておきます。たった一言の言い間違いで社会的に葬られる人は少なからずいます。

　最初は読書ですが、まず文学作品の良書を読みましょう。現在、高校生レベルの書籍が難しければ中学生レベル、それでも難しければ小学生レベルの文学作品から始めるといいのです。そうして高校生が読むレベルの文学作品へと徐々にレベルを上げていき、次々と読み進め、時には音読もしてみるといいと思います。文学作品を読む際にすべきことは、語彙や表現に注意し、描写されていることから書かれていない背景にある考えや状況を読み取ることです。文学作品を読む究極の目的は、行間を読み取れるようになり、その作品のいわんとするところを知ることなのです。

そもそも、なぜ読書をするのかということですが、読書をすることにより語彙・表現・話のつなぎ・展開など言語における様々な要素を学びます。それとともに、話の内容から、通常では経験できないことや想像もしないことを頭に描き情報を得るのです。生きていく上で、知るべきことは無数にあり、それらすべてを自分の時間を使い経験していたら人生が足りなくなってしまいます。経験しようとしても出来ないこともあります。また、登場人物への共感や思いやりなど豊かな情緒を育むことができます。娯楽の要素も大いにあり、楽しい思いをすることもできるのです。だから、意思疎通に卓越し、様々な知識を得て、思考力を磨き、人間性全般の発達のために幅広い分野で読書をすることを心がけましょう。

　音読することも大切です。発声から音声の繋がりをうまく発音できるか、前後のつながりのある朗読ができるかなど、和文の伝達の仕方も練習しておくと良いでしょう。とつとつとしか読めなかったり、つまったり、呂律が回らなかったりしないようになるにも、この音読の練習は必要です。自分の話が上手にできるようになる第一歩です。ここで、読書と音読を兼ねてはいけませんよ。どちらかがおろそかになってしまいます。

　また、文学作品の朗読を聴くということも、国語の訓練には必要です。しかし、ここでも、読書を朗読聴取に置き換えてしまってはいけません。読書と聴取は別の学習です。世の中の情報というのは、書き物だけで存在するものではありません。情報の多くは、音声によってしか得られないものもあります。学校の授業で先生が話すことや、音声や画像で報道されるニュースなどがそうです。読むだけでなく、聴くことでも知識を得る訓練をすることも必要です。対人関係においても、相手の話をよく聴くことから交流を意義あるものとし、友情を育て、ひいては、人間性豊かな人生を送れるようになるのです。だから、聞いて理解する力を育てない理由はありま

せん。聴く力を養うには、まず良く聴くことです。聞いた情報を正確に理解することがコミュニケーションの第一歩となります。

　言葉の端々だけを捉えていたのでは、授業で先生から教わった内容を正しく理解できません。先生がある基本を解説し、これは間違いですよと誤りの例を挙げた時に、誤りしか覚えていなかったり、誤りを正しいこととして覚えてしまったりする生徒がいます。よく聞いていない証拠です。会話で聞き手になった場合なら、よく聞いていないと、相手の話を誤解してしまい、けんかになったり不要な問題が起きたりしてしまうのです。また、自分が話す立場になった場合でも、相手の言ったことを正しく理解していないと話が噛み合わなくなります。恐ろしいのは、自分が知らないことは聞いてもわからないというところにあり、脳が早々に諦めてしまうことです。ほとんど聞かずに、言葉の端々だけを捉えるというのは、ほぼ何もわかっていない・わかろうとしていないということです。そうなれば、聞く活動の全てにおいて、不理解や誤解が起こります。聴くことは、効果的なコミュニケーションを取るための根本なのです。

　それから、読書や朗読の聴取で得た知識を利用し、日記やエッセイ、読書・聴取後の感想などを書きます。考えるという活動をするのです。読者を想定した上で順序立てて書いたり話したりする習慣をつけていきましょう。次の作品はより良くなるよう自分で改善していき、たまには添削も受け指導を仰ぐなどすれば、書き物でも口頭でもしっかりした内容や明確な構成を持った一貫性のある作品を書くことも、そういった話ができるようにもなります。こうして、英語力を伸ばす基礎が固まっていくのです。和文による小論文が入試で出題される大学・学部もありますし、面接試験がある場合もありますから、そういう場合は一石二鳥です。

　また、なぜ書くことや話すことが大切なのかというと、自分の意

思を疎通するための手段だからです。書くことも話すことも苦手で
あれば、周りの人に流されてしまい、自分の思う通りに物事を運ぶ
ことができません。それでは、物事が意に沿わない展開となってし
まっても仕方がありません。さらに書くことも話すこともしない
と、いずれは存在しないものと思われ、意見も問われなくなり社会
的に孤立することになります。いずれも上手であればあるほど、相
手や周囲の意思も尊重しながら自分の意思を正しく伝え、自分を傷
つけず損をせずに人生を謳歌することができ、生産的な社会活動が
可能になります。

　文学作品には最初は興味がないかもしれませんが、一旦読み聴き
を始めると面白いので、時間が経つのを忘れてしまうかもしれませ
ん。他の教科の学習の時間をとるためにも、時間配分を考えて読み
聴きしましょう。

　言語能力はもとより、情報不足も深刻です。模試・入試の課題に
登場する社会問題などに関して、論議できる情報や知識をほとんど
持っていないため、〜について論議せよ、どう考えるか、といった
場合に、内容のある作品を書ける学習者が少ないのです。過去の問
題に登場したようなことについては、新聞・雑誌等で知識を得て、
考えておく必要があります。知らないことや、考えたこともないこ
とについては書くことも思いつかないし、糸口を見つけたとして
も、充実した作品は書けないのです。

推薦図書

　読むべきなのは、教科書・問題集・参考書・模擬試験等に登場す
る作品またはその作家の他の作品、そして新聞です。新聞の一面に
は必ず目を通し、朝日新聞®なら天声人語®は熟読しましょう。ど
れも図書館やインターネットを利用すれば、無料でまたは格安に読

めます。

　青空文庫®（https://www.aozora.gr.jp/）をネットで閲覧すれば、高校生（小中学生でも大人でも）が必要な文学作品のほとんどが無料で読めます。そこで読める作品の中には、例えば、森鴎外の「山椒大夫」があります。子供用に、「安寿と厨子王」というタイトルで易しく書き換えてあるものもありますが、「山椒大夫」を読むようにしましょう。作品のほとんどにルビ（よみがな）が振られていて、以下のリンク先にある同作品にもありますから、読みかたを間違えることもありません。また、上の青空文庫のホームページには、読みきれない数の作品が作家名・作品名で検索できるようになっていますので、それを眺めて読みたい作品を選んでもいいでしょう。以下に、リンクは2つありますが、これは、本書を紙の書籍で読んでいただいている方が、URLを入力する際、便利なように短縮したものを添えています。どちらも同じアドレスにつながりますので安心してアクセスしてください。また、スマホやタブレットでQRコードを読み取られればさらに簡単にアクセスできます。

山椒大夫 – 森鴎外
https://www.aozora.gr.jp/cards/000129/files/689_23257.html
短縮: https://bit.ly/3J08pzI

本章の要約

　英語力は国語力の上に成り立つものです。読み・書き・聴き・話すという学習で国語力を先に養いましょう。

1　三島由紀夫、川端康成、志賀直哉、等の作品は、著作権の期間が作者没後50年から、70年に法律が変わったため、まだ、青空文庫®には、ありません。これらの作家の作品は、学校や公立の図書館に蔵書があるはずですので、利用するといいでしょう。

1.1 書籍を読む

　以下に読む作品例のリンクを貼ってありますが、これ以外でも結構です。短編の作品を読んで、読んだ作品の題名・作家名、そしてその読書感想文を書いて以下のフォームで送信ください。コメントしてお返しします。400文字以下で結構です。なお、作者や作品を批判する作品はお避けください。そういう作品を書いても、試験では高得点は取れません。

---

a. 江戸川乱歩「日記帳」:
https://www.aozora.gr.jp/cards/001779/files/57190_58247.html
短縮: https://bit.ly/3qj1yef
(3の後は、QとJの小文字、続くのは、数字の1です)

---

b. 宮沢賢治「雨ニモマケズ」:
https://www.aozora.gr.jp/cards/000081/files/45630_23908.html
短縮: https://bit.ly/3CcgrSe

フォーム:
https://www.adamorbis.com/dearnewhighschoolers1-1.html
短縮: https://bit.ly/3J0wExF

1.2 新聞を読む

　購読している新聞、または、オンラインの新聞の一面に目を通し、世の中で問題となっていることを、把握しましょう。その上で、自分が最も興味を持った記事について、よく読んでください。読んだ新聞紙の名称、記事の題名、そしてその記事のあらすじに自分の意見を添えて以下のフォームで送信ください。コメントしてお返しします。400文字以下で結構です。新聞記事は読み慣れるまで、難しいと感じるでしょうが、そこで諦めてはいけません。毎日読んでいれば、やがて何が書いてあるかよくわかるようになります。

フォーム：https://adamorbis.com/dearnewhighschoolers1-4.html
短縮：https://buff.ly/3LBOfxh

1.3 聴く

YouTube: https://youtube.com® の検索欄に、

　a. 芥川龍之介 鼻
　b. 新美南吉 がちょうのたんじょうび

のいずれか一つをコピペして登場したビデオの中でも字幕が画面に
出ないビデオを選択してその朗読を聴いてください。聴いた内容と
その作品が伝えたかったことを、朗読聴取後感想として、以下の

フォーム：https://www.adamorbis.com/dearnewhighschoolers1-2.html
短縮：https://bit.ly/42vrz7D

に400文字以下で記入し送信ください。コメントしてお返ししま
す。なお、作者や作品・朗読者を批判する作品はお避けください。
そういう作品を書いても、試験で高得点できません。

1.4 書く

　題材や題名は自由ですが、読者を想定し順序立てた日記・エッセ
イを書いてみましょう。構成は、起承転結の4段構成、または、
序論・本論・結論の3段構成です。

題材例：
　a. 高校に受かって変わった自分
　b. 高校に入って経験したこと
　c. 高校での3年間に成し遂げたいこと

https://www.adamorbis.com/dearnewhighschoolers1-3.html
短縮: https://bit.ly/43oOzq4

にあるフォームに、書いた作文の題名を入れ送ってください。コメントしてお返しします。

1.5 話す

家族に、これまでに読んだ、あるいは、聴いた、作品（以下に限りません）

例：

　a. 芥川龍之介の作品「鼻」
　b. 江戸川乱歩「日記帳」
　c. 宮沢賢治「雨ニモマケズ」
　d. 新美南吉「がちょうのたんじょうび」

の話をするという想定で話したものを録音し以下のフォームで送ってください。ただし、1.2で書いた作品を朗読したものではいけません。構成は、1.3にある、起承転結の4段構成、または、序論・本論・結論の3段構成を用いましょう。

https://www.jotform.com/form/211403986678062
短縮: https://bit.ly/45OBNTr

No. 1の課題番号に、DHS1.5とご入力ください（次頁参照）。

No. 4または、No. 5で録音音声を添付してください（次頁参照）。

No. 6のEメールは必須です（次頁参照）。

他は空欄でお願い致します。

 アダモービス - スピーキング・発音練習

音声・原稿入力フォーム

課題が必要な場合は、

スピーキング課題

を御覧ください。

1. 課題番号（ある場合）

DHS1.5

2. 持ち込み課題（ある場合）

語数に制限はありません

3. 録音内容原稿 (任意・口頭で言えるようになるまで原稿を記入しておいても便利です)

タイプしてご入力ください

4. ファイルアップロード（任意 - 原稿を入力したものを、画像やファイルで、または、録音済みの音声ファイルを送付する）

⬆
ファイルを検索
Drag and drop files here

5. ボイスレコーダー（Record ボタンを押すとアプリ上で許可を求めますので、 allow 許可、を選択してください。停止は Stop を押し、再生 Play することもできます。先の録音は次の録音で消えてしまいますので、何度でも録音できますから、練習にも是非お使いください。音声ファイルを上で添付頂く場合は、録音は不要です。）

🎤 Record 0:00 / 3:00

6. Email（任意 - 自分の記録として自分にコピーを送り、当社から詳細な解説を受け取りたい場合だけ）

example@example.com

第2章

学習効果と自己管理

　人間が持つ最大の資産は、時間です。そして、それは増やせませんから、何かを達成しようとする人間にとって、時間の管理は必要不可欠なことです。無駄に使ってしまった時間は戻ってきません。自分にとって最も重要なことを先にするようにしましょう。学生なら勉強を優先するところです。遊びが悪いとは言いません。しかし、一日の殆どをゲームに費やして時間が余れば勉強するのではなく、勉強して残った時間を遊びに当てるのです。この考えは、勉強以外にも当てはまります。普通の人は、給料をもらったらそれを使い、残りを貯金しようと思います。しかし、金銭に賢い人は先に貯金をして、残りを使うのです。

　そうするためには、自分の時間の使い方を目に見える形で、整理してみましょう。一日24時間の日課表を作るのです。起床して、歯磨きして、顔を洗って、身支度をして、朝食をとって、というふうに始めて、学校と登下校を除いた時間をどの様に使うかを、書き出してみましょう。帰宅後は、宿題を片付けて、翌日の時間割にある授業の予習をして、その後に、自分の強化したい課目を重点的に勉強して、というふうにしてみましょう。本書では、英語力の強化のため、国語・英語の読書、作文、朗読を聴く、話すといった演習を提案しています。その時間も入れましょう。夕食を食べる時間、お風呂に入る時間、そして十分な睡眠時間も必要です。こうしてみると、ほとんど余った時間はなくなってしまうでしょう。残念ですが、勉強しようと思えばそれが現実です。

　日課表の次は、週間表を日単位でまとめます。これは、土日には学校がありませんし、一週間毎日同じスケジュールではないからです。授業の課目が変わったり、塾に行ったり、スポーツクラブでスポーツをしたり、と曜日で予定が変わるからです。

　週間表の次は、月間表です。その月にある、重要事項を週単位で書き出します。小テストがある、模擬試験がある、中間・期末テストがある、などです。それを見ると、いつ頃から準備をし始めるべきか、が見えてきます。学校行事も入れておきましょう。

　それから年間表です。学校生活の1年が目に見えれば良いので、月単位でいいでしょう。

　これらのスケジュールは、スマホでも携帯でも、そのカレンダーに入れておくといいでしょう。日課、週課、月課、年課、と色を変えれば見やすいでしょう。

　そうしておいて、最後に、高校生なら、高校生活3年間の複数年表です。その最後に、「○○大学合格！」などと目標を入れておきましょう。この目標は、目に見えるようにしておくことが大切です。また、この目標は、現実味がなくて、自分でもはなから諦めてしまうような目標ではいけません。しかし、たとえ諦めてしまいそうな大きな目標でも、自分と同一視できる、つまり、それを達成した自分を思い描ける目標を掲げましょう。現在同一視できないなら、そしてその目標が大切なら、毎日、それを見つめ、同一視できるまで、それが達成できたことを心に鮮やかに描き、考え続けます。人間というものは不思議なもので、同一視できる目標を持ちそれを日々目にすることで、自然にその目標に近づく行動をするようになるのです。これは、なにも魔法のようなことを言っているのではありません。意識下に思考を持っていくと、人間の行動が変わることは、頻繁に書かれています。オリンピックの選手でもこの方法を用いて、最高のパフォーマンスが出来ることを心に描き、競技に望むのです。

　また、身体や、精神の健康は、これまでもそうであったように、今後の人生においても、最も重要なものです。勉強していると座っていることになりますから、体育の授業のある日やスポーツクラブで活動する日は不要ですが、そうでない日は、有酸素運動、つまり、はあはあ、と息が上がる程度の運動を、一日に30分はしましょう。エアロビクス・ダンスまではいかなくても、てくてくと散歩するのも、足早に歩くのも手軽な有酸素運動です。大量の酸素が体に入るのですから頭が冴えて、エンドルフィンという快楽ホルモンも分泌され、精神も安定するため、学習効果も上がり、体を動かすと体力も付きますし精神力も付きます。怪我を避け、筋肉痛を和らげるため、運動前後にはストレッチ運動を欠かさずにしましょう。また、汗をかいた後は、風邪を引かないよう汗を拭い、お茶やジュースでも悪くはないのですが、それより、常温の水にほんの少し塩を混ぜたものを飲んで、水分と塩分を補給しておきましょう。甘い清涼飲料は、摂りすぎに注意しましょう。体や心に異常を感じたら、早めに医師に相談することをおすすめしておきます。無理や無視は禁物です。

　さらに、睡眠は、非常に重要です。心身の健康のためだけでなく、学習したことを定着させるためにも、睡眠をあなどらずに8時間程度の深い睡眠を取りましょう。寝る前の激しい運動やスマホを見ること・ビデオゲームをすることは避け消灯して寝ましょう。電灯が灯いているのといないのとでは、睡眠の深さに大きな影響があるそうです。また、スマホやラップトップのスクリーンから出るブルーライトは目に悪いだけでなく、目を覚ましてしまうので睡眠前に見るのは避けたほうが賢明です。受験が近づくと睡眠時間が削

られるでしょうが、短くなっても深く眠れる環境を自分で、必要なところは家族にも協力してもらって保ちましょう。

2.4 休憩と集中

　一旦机の前に座ると数時間座ったまま学習を続けてしまいがちですが、人間の集中力は、1分なら50秒、1時間なら50分というふうにしか続かないことが明らかになっています。なので、数時間かけても、数時間に見合う効果は出にくいのです。より効率よく学習し学習効果を上げるために、1時間を学習に当てるなら10分程度の休憩を入れるといいでしょう。この10分の間に、手足を伸ばしたり飲み物を飲んだり家族とおしゃべりをしたりSNSで友達と連絡を取ったりして、自由に気分転換をはかりましょう。この休憩は、長くなりすぎないようにするのが大切です。SNSに夢中になって、休憩時間が長くなりすぎ、学習時間がなくなるということは避けましょう。短く切り上げましょう。また、学習中はSNSを切って学習に専念しましょう。音楽を聞くのも休憩時間にしましょう。聞きながら勉強しては、学習効率・効果が落ちます。なので、勉強はお喋りができない図書館でするのもいいでしょう。ですが図書館ででも、勉強する時は、イヤフォンをして音楽を聞くことやSNSをすることも避けて勉強に集中しましょう。

　夜遅くなって学習し始めた理由が友達とゲームしていたからというような理由なら話になりませんが、下校してから宿題をし夕食・入浴を済ませその後にも学習するという時には、夜間一人で学習することになるでしょう。自分でも自覚しない寂しさから、音楽を聞いたりYouTube®の動画を見たりしてしまいがちです。でも、それは10分間の休みの間だけにしておきましょう。

　また、せっかく学習するのですから、何事も、ちゃらんぽらんで

はいけません。予習をする時も、授業中も、復習する時も、この時間中に完璧に学ぶのだ、という決意を持って学習しましょう。そうしないと、せっかくした学習が無駄になり、学び直さないといけなくなるため、時間の浪費に繋がります。また、何かが理解できない場合、自分で文法をこじつけてはいけませんよ。正しく理解しておく必要がありますので、先生など、確実な知識をもった人に説明してもらい、理解しておきましょう。

2.5 感情のコントロール

　英語を学習したり練習したりする時、一人の場合はそうでもないでしょうが、先生やクラスメイト、または、家庭教師やオンラインのインストラクターがいる場合、日本人の英語学習者はほとんど皆、感情的になります。特に他人がいる時に間違えた場合、気の毒になるほど恥ずかしい思いをしているのが見て取れます。英語というのは、言語であるため、一人学習だけでは上達しない大きな部分がありますので、他者が全然介在しない学習だけでは言語として使えるようにはなりません。他者がいる場で数学の問題を間違えてもそれほど恥ずかしい思いをしているとも思われませんので、これは、日本人英語学習者の英語に対する心構えがどこかで混線しています。だからこそ、一人学習で力を備え、他者を介在した学習もし、その恐怖や恥を克服していかなければいけません。ネイティブスピーカーに話しかけられたら、恐れずいとわず答えましょう。何かを知りたくて話しかけるのですから、答えるための英語に間違いがあっても、相手は正しい情報がつかめればそんな事は気にしないでしょう。また話しかけて差し支えなければ、進んで話をしてみましょう。誰の前で間違えても平気となるとこれはこれでまた問題ですが、自分の向上のために間違えたことを正していくことで間違えなくなるのですから、早く正していけばいくほど、恐ろしい思いや恥ずかしい思いをする機会が減っていくのです。学習への前向きな

姿勢こそ、どの教科であっても学力を上げる秘訣です。

　一人で勉強をしていて、問題集をやり答え合わせをして間違えてしまった時には、自己嫌悪におちいる場合もあるでしょうが、決して自己嫌悪などしてはいけません。大事なのは、間違えたら間違えたことを認識して正しいものを理解しておくことなのであって、自分を責めることではありません。そんなことをすれば時間を無駄にしてしまいます。否定的ないやな感情である苛立ちや焦りなどは、なるべく持ち込まないようにして、勉強をしましょう。さらっと、学習を続けます。腹立たしいことが起こっても、腹を立てるか立てないかは自分の選択なのです。立てない、と自分で決めればいいのです。

　感情を持ち込まない決心をしておくことは大切です。なぜかというと、感情が高ぶると学習の妨げになるだけでなく、エネルギーを消耗するからです。怒っても悲しんでも喜んでも、疲れるのです。学習にそのエネルギーを使う必要があるため、エネルギーを無駄にしないよう平静を保ちましょう。

　気分が悪くなるのが嫌なので、間違いは見直しません、という方々がいますが、気分を悪くするかどうかも自分の選択なのです。嫌なものとして、無視してスルーするのではなく、学習の機会、チャンスだと思って、間違えたところをよく見直しておきましょう。間違いの原因が学習不足・知識不足なら、学習し直し、ケアレスミスなら、ケアレスミスを繰り返さないように、練習を重ねておく必要があります。

　テストで100点満点をとっても、有頂天になるのは一瞬に留め、そのテストでは自分の力が十分であったと考え、静かな自信を持ちましょう。自分の期待未満の点数だった場合も、落胆するのは一瞬

で留め、そのテストで期待する点数以上を取れるほど自分の力はなかったということを認識し、次回は良い点を取るぞと心に決めることにしましょう。点数を実力のバロメーターと考えましょう。結果にこだわらないことが大切です。100点中99点以下なら、自分の力不足がそこに見て取れますので、間違えたところは復習しておきましょう。

　頑張るぞ、と自分にはっぱをかけるのは結構ですが、それがかえって重荷になることがあります。頑張ったからと言って良い結果が約束されるわけではないので、余計なプレッシャーを自分に課さないようにしましょう。また、モチベーションが上がらないから勉強できないという人がいますが、それはモチベーションがないということを理由に自分が学習をしないという言い訳をしているに過ぎません。モチベーションがなければ、やるべきことを書き出しましょう。書き出せば、書き出したことによるモチベーション、すべきことをやり始めたら、やり始めたモチベーション、内容が理解できた時には、理解できたことによるモチベーション、学習を継続すれば、継続できたモチベーション、理解が進めばさらに興味が出ることによるモチベーション、自分の努力が実り良い成果が出た時に出るモチベーションなど様々な段階でモチベーションが出てきます。行動以前にモチベーションを云々するより、とにかく学習計画を書き出し学習し始めましょう。モチベーションが出ます。

　また、学習する際に、この時間はこの教科を、この教材でする、と予め決めておきましょう。そうしないと、教科書の練習問題をしようかな、参考書を読もうかな、副読本の問題を解こうかな、と、毎回あれもこれもと選択があると、その選択に疲れてしまうのです。決断疲れと言います。これもエネルギーの無駄になります。一定の時間にできる量はそんなにたくさんはないのです。

　この選択に際しても、人間というのは、やり慣れているもの、気に入ったもの、できるものだけをしがちですが、それでは学習に偏りが出て、後続の学習に陰りを落としますので、できないものも避けずに、学習や理解の足りなかったところは学習し直して理解をし、まんべんなく、やりましょう。そのうちに総合的な力がついてきます。

2.6　人間関係

　学校や学校外での人間関係にも注意する必要があります。クラスメイトや友人が時間の浪費につながります。こんなことはあってほしくはないのですが、成績が良くなってくると羨望や嫉妬から嫌なことを言ってくる輩（やから）が登場することが少なからずあります。そんなことになっていじめに発展しないように、そんな輩が何か言ったら、最初から無視して休み時間でも本を読んでいましょう。席を立って、その場を離れるのもいいでしょう。お友達が話しかけてきても、本を読んでいるからと言って、時間を無駄にしないようにしましょう。良いお友達なら、きっとお友達自身も君に習って本を読み始めるでしょう。そういうお友達なら、少しはお付き合いしていいのではないでしょうか。また、自分が学習している時に、遊ぼうよと遊びの誘いをしてくる友達は、避けたほうがいいでしょう。意識しているとしていないとに関わらず、そのお友達は君の足を引っ張っていることになります。また、女の子の場合は特に、図書館で勉強する時は閉館前であったとしても、人が少なくなってくる前に帰宅しましょう。冬なら日が短いので、明るいうちに帰りましょう。

　他人というのは親切な人やそのような行為を褒めるものです。これは、他人自身に得があるからです。しかし、君が優しい思いやりのある親切な人であれば、今すぐ過剰に親切であることは止めま

しょう。君がいつも誰かに親切であると、その誰かは、君が親切であることを当たり前に思うようになり、感謝するどころか、自分の要望が満たされない、つまり君が親切にできない時、かえって君を責めるようになります。これが過剰に「親切」であることへの代償です。損だと思いませんか。それに、誰彼となく親切にしていると、人というのは疑い深いもので、「何かの意図があってこんなに親切なのだろう」とかえって痛くもない腹を探られることになり、君の真心からの親切は、良識のある、付き合うに望ましい人を遠ざけ、君を利用してやろうという不逞の輩を近づけてしまいます。親切は、見返りを期待せずにするものでこそ美しいものですが、それも度を越しては、自分が損をし、傷つきます。親切も程度問題です。何かを最初に頼まれた時にそれに応じてしまうと、2度目から断りにくくなります。なので、最初に、断ることが大切です。応じてしまって、「自分のためにもなるし」などと自分を説得するような嘘を自分につくと、以後、自分の掘った墓穴がより深くなっていくことになります。断ったら友達になってくれない、などと思う必要はありませんよ。頼みを聞いてくれないからと君のもとから去っていくような人は、最初から友人などではないのです。断る時は、平然と、落ち着いて「いやだ・いやよ」と断りましょう。怯んでしまうと、相手はそれを見逃しはしません。さらに攻撃をかけてくるに違いなく、断れないようにされてしまいます。そうなると泥沼に陥ることになります。

　「英語がよくできるけど、どんな勉強をしているの」と尋ねられても、自分の実力が付くまで、お友達には内緒にしておきましょう。みんなと同じだよとだけ答えておきましょう。そのお友達だって、君には明かさない別の勉強法を持っているかもしれませんからね。同じ勉強法を取ったとしても、相手が自分よりちょっと機転が利いて、ちょっと手際がよかったら自分が負けてしまいます。こんなことになったら、こんなふうに勉強をしているよと手の内を明か

した側としてはつまらないですよね。負けてもつまらなくないよと思えるのでなければ、相手に負けない英語力が君についた時に、こんなのあるよ、こんなふうにしているの、と教えてあげることにしましょう。それまでには、まだまだ学習が必要だと考えてください。

　有言実行型の生徒は、「私（僕）は〇〇大学を受ける」と言ってしまいますが、進路指導などで必然的に漏れてしまう場合は別として、志望校は黙っていましょう。これは、志望校を言った途端、周囲は君が受かるか落ちるかをモニターし始めるからです。それをモチベーションに頑張るのだ、という人は別として、皆が皆好意的に接してくれるとは限りません。必ずや、否定的なコメントをする人は登場するでしょう。変なケチをつけられると決断が揺るがないとも限りませんし、たとえ気にしないとしても、時間の無駄を避けるためにも、黙っていたほうがいいでしょう。しかし、その目標は自分の中で、しっかりと抱いていましょう。

　人生において、他人に言うべきではないことがあります。その中に、志望校の宣言を含めた、将来の計画、があります。これは、言った瞬間、他人にインスピレーションを与え、「すごいね」「素晴らしい」などと褒められるため、あたかも自分がそれをすでに成し遂げたかのごとく、満足してしまい、計画を達成する可能性が低くなります。また逆に、他人の嫉妬心を刺激してしまい、君の成功をモニターし始めるだけならまだいいのですが、表では「頑張れよ」、「お互い頑張ろうね」などと言いながらも、心の中で、失敗すればいいのに、と思う人も、またそれを陰では口に出して言う人もいるでしょう。他人の失敗を心待ちにするなど、不謹慎極まりないことですが、現実というのは、どちらかというと、前者より、後者の傾向がより強いと思っていたほうが対処に役立つでしょう。

何事も前向きに考えて、物事がうまくいくという展望を持って生活をし、学習することは大切ですが、根拠のない、「思い通りに物事が運ぶ」という展望はかえって不安を導きます。ですので、最悪の事態を予測し、それで落ち込むのではなく、それに予め対応する策を考えておく必要があります。もしこれがうまく行かなければ、こうする、という具合です。プランBとよく言われます。試験で良い点を取ろうと思えば、「良い点が取れる」と考えるほうが「点数が悪いとどうしよう」と思っているより、人生良好に運ぶものですが、その「良い点が取れる」が、自分の心の中で、嘘くさく聞こえてしまうような場合、不安が芽生え、学習の手薄なところがわかるでしょうから、学習をし、その不安を払拭すると同時に、事前に対策を取るのです。こうして準備して臨んだ試験は、準備しなかった試験より高得点が取れるはずですし、良い結果を得ればまた、自信に繋がっていきます。

2.7　先手必勝

　高校に入って、英語の教科書を手に入れたら、完璧に理解できなくてもいいので、まず、全部読んでしまいましょう。こんな簡単なことで予習をすることになり、授業が非常によくわかるようになります。また、この本に書いてあることを実践すれば、言語の4技能（読み書き聴き話す）を網羅した英語力が付きますから、高校での授業の英語が易しく思えるようになるかもしれませんが、学校で習う英語はおこたらず、クラスメイトと一緒に学習を続けましょう。また、学校のテキストには登場しないものを知っていたり、授業でまだ習っていないものを自分が知っていたりしても、授業中「これ知っている人」と問われない限り知ったかぶりをしないことです。日本ではクラスメイトのひんしゅくを買う可能性は大いにあり、また先生の不興を買うのは得策ではないからです。前向きで非常に優秀な先生なら、上手に処理してくれるかもしれませんが、先

生をよく知るまで知ったかぶりは危険を伴います。また、何かを教えてくれようとしている人には、「あ、それは知っています」といったようなことを言うと、「知っているなら、大丈夫だね」と、それ以上教えてくれないことになります。知っていることから相手が話し始めたとしても、じっと聞いていましょう。きっと知らないことまで教えてくれるに違いありません。

本章の要約

　何かを達成しよう・何かに成功しよう、と思うなら、人生には大切にしなければいけないことがあります。健康と時間です。健康には気を配り、時間を管理するには、目に見える形で予定を書いておくことです。学力を付けるには、自己の行動と感情をコントロールし前向きな学ぶ姿勢を保たなければなりません。また、人間関係は時間の無駄に通じることがありますので、これも気をつけることが必要です。何事も先手必勝です。予習を大切にしましょう。

第3章

英語も読書から

さて、英語に話題を移します。なぜ英語を勉強するのか、というと、卑近な例では、大学入試に必要だから、ですが、英語は入試科目であるだけではないのです。英語は世界中で他の言語より頻繁に使われる言語で、日本語の約10倍の言語人口があります。つまり、日本語だけの世界より10倍もの世界があるのです。英語が操れれば、君の世界は10倍にも広げられる可能性が出るのです。機械翻訳も発達してきて、いずれは外国語を話せなくても外国人と会話ができる、といったことも夢ではありませんが、やはり、人間の対面での会話には、機械を介さずコミュニケーションが出来るのが強い人間関係を築くには必要不可欠です。翻訳が出ていない原書を何冊も読まないといけない場合にも、正確さが要求される場合翻訳に出していては時間がかかります。英語が達者でなければ、機械翻訳に誤りがあった場合も気づかない事になってしまいます。英語を聞いてわからない場合も同様です。また、英語は様々な言語の影響から、語彙の非常に多い言語で、それだけ、多彩な自己表現が出来る言語なのです。日本語より語彙数が多いため、日本語だけで生活するより、英語を使えると、より充実した言語活動ができるのです。

　読み・聴き・書き・話す、という学習で国語力を培（つちか）うのと同様に英語力も読むことから始めて養います。まず英語の原書を読みましょう。高校の図書館には原書があるでしょうが、なければ公立の図書館やネットで探してみましょう。これも、文学作品の良書を選びます。最初の段落を見て、到底読めないような難しい長編のものは避けます。しかし、たとえ内容が比較的易しめで短編のものでも、実際に読んでいくと最初は 1 ページ読むのにもとても時間がかかりはかどらないかもしれません。でも、知らない単語はネットで調べられますので、調べつつゆっくりでいいので読んでみましょう。キンドル®で読めるものは、電子辞書が搭載されている、なければ搭載できますので、そうして調べてもいいでしょう。日本語ではそう言わない、こんな書き方は教科書には出ていない、

という文章にも頻繁に出会うでしょう。さらにその作品が書かれた時代の背景や、日本では経験できない文化・風俗が読み取れる場合が常です。

　英語の中編の原書を一冊読み終えた頃には、高校の3年間で習う英語の語彙・文法・表現をほぼ網羅する内容を知り、英語の読解力・表現力も含めた高い英語力が身に付いているでしょう。短編なら、2冊、3冊と読んでいけば、非常に高い英語力が得られます。

✕　してはいけないこと

① 　英語を読む時は、決して、英文一文を和文一文とするような和訳をしながら読んではいけません。このような和訳をしてしまうと、英文の語順が身につかず、英文を書いても和文を和文の語順で訳したような英文になり不自然になってしまいます。しかも、読むのに時間がかかるのです。こういうふうにかけた時間は、無駄になります。英文は左から右に読んでいくものですので、文章全部を和文に訳さないで、書かれた順に左から右へと意味を成す部分ごとに順に読んでいく習慣をつけてください。そうすると、テストで長文の読解問題が出ても、余計な時間をかけずに読み進めることができます。これを実践するうちに、書かれた順に読み、理解できるようになってきます。

　　それでは学校で英文和訳をさせられる時に不利になるじゃないか、と思われるかもしれません。ですが、それは、最初の章で申し上げた国語力を養うことで、十分に補えるでしょう。

② 　英文を和訳してはいけない理由は、もっとあります。日本語にない冠詞は、書いてあっても、和文にはほぼ訳出しないため、無視してしまうからです。これは、日本人英語学習者に共通す

る弱点で、英語を書く・話す場合に冠詞がことごとく脱落してしまいます。「冠詞って重要なのですか」といった、考えが登場するのも、和訳を主とした学習をしてきたことが原因です。冠詞は英語で最も頻繁に使われる語彙で、これがなくて、英語は成り立ちません。英語を読む時は、和訳を目的とせず、特に冠詞には細心の注意をして読んでいきましょう。

③ さらに、英文を和訳してはいけない理由は、英語の数ある前置詞や前置詞句が、数の少ない日本語の助詞に収束してしまい、和文を英語にした時に、その少ない助詞を英語の前置詞に当てようとしてしまうため、使える前置詞にバラエティがなくなる上に間違えてしまいます。英文を読む時は、前置詞にも注意をして読み進めましょう。

④ 登場した英単語の単語帳を作るというのも、勉強のようには見えますが、やめましょう。暗記しても忘れてしまいます。英単語は、文脈のなかにあってこそ、本来の意味を成し、また、読者にはその意味がわかり、記憶に残るものです。英文を読みながら覚えていきましょう。

推薦図書

　教科書・問題集・参考書・模擬試験等に登場する作品、またはその作家のほかの作品をお薦めします。また、英字紙・英字雑誌なども一般的なもので良いので、是非読まれることを奨励します。図書館やネットを利用すれば、無料あるいは格安に読めます。

　教科書には、英語の原作が登場することはあまりないでしょうから、なければ以下におすすめの書籍をGutenberg.org® プロジェクト・グーテンベルグ、というサイトを検索しリンクを付けてありま

すので、このリストを参照してください。同サイトに掲載されているものは、全て無料で読めますし、ダウンロードもできます。キンドル®で読めるフォーマットでダウンロードすることも可能です。以下の作品には、いずれも翻訳が出ていますが、英語で読んでいて内容がどうしてもわからないところがあったら、翻訳を読んでみるのも一つの手段です。しかしながら、翻訳は対訳ではないため、文法はほとんど確かめられません。また、翻訳だけを読んでも、和文の良書を読むより学習効果がありません。しかし、日本語の文学作品さえ読まないのであれば、翻訳でも読まないよりはマシですので、読むなとは言いません。

プロジェクト・グーテンベルグのカタログページ
https://gutenberg.org/ebooks/bookshelf/
短縮：https://bit.ly/3ChVuWo

を見ると、いろいろなジャンルが登場しますから、どんな本があるかを眺め読めるものを探してみるのもいいでしょう。

The Call of The Wild–Jack London
(荒野の呼び声–ジャック・ロンドン)
https://www.gutenberg.org/files/215/215-h/215-h.htm
短縮: https://bit.ly/3OXXoTk

Black Beauty–Anna Sewell(黒馬物語–アンナ・シュウエル)
https://www.gutenberg.org/cache/epub/271/pg271-images.html
短縮: https://bit.ly/45QyNWH

The Secret Garden–Frances Hodgson Burnett
(秘密の花園–フランシス・ホジソン・バーネット)
https://www.gutenberg.org/files/17396/17396-h/17396-h.htm
短縮: https://bit.ly/3CpjmqN

ここまでは、英語の文学書籍の推薦図書でしたが、一般紙で結構ですので、英字紙や有名英字雑誌も読んでおくことが大切です。学校の図書館に一紙でもあればいいのですが、なければ、近くの公立図書館、それでもなければ、オンラインで、例えば、

朝日新聞®の英語版

https://www.asahi.com/ajw/new/

日経新聞®の英語版

https://asia.nikkei.com/

など、最初は眺めるだけでも結構ですので、目を通されることを強くお薦めしておきます。

本章の要約 ────────────────

　国語力を付けるのに読書から始めるように、英語力を養うためにも、英語の原書の読書から始め、英字紙も読みましょう。読書は、高い英語力と知識を得るための時短策なのです。

原書を読む

　ここから英語の原書の読書の演習に入ります。すべて英語で書かれた書籍を読んだ経験は、まだあまりないと思います。題名・目次・まえがきを含め、全て英語です。まず、それに慣れてください。英語の世界はそういうものです。全部英語なのです。

　好きなものを読めばいいのですが、好きなものは、かなり難しいことがあります。ですので、ここでは易しめの作品として「秘密の花園」を選び、原作の英文をコピペしていますのでそれを使って読んでいく方法を書いていきます。まず、英文に目を通して、知らない単語はキンドル®でこれを読まれているならその語をタップして、そうでなければネットの英和辞書で調べて読んでみてください。固有名詞など辞書には出て来ない、または調べにくいものは、

以下に書いてありますのでそれも参考にしてください。

Mary Lennox　メアリ・レノックス、この物語の主人公の名前。

Misselthwaite　これは固有名詞で、辞書には載っていません。ミセル<u>ス</u>
ウェイトと読めばいいでしょう。下線のついた<u>ス</u>は、th
です。Manorこれも大文字で始まっている固有名詞の一
部ですが、普通名詞、manorは大邸宅を意味します。
Misselthwaite Manorの2語で、ミセル<u>ス</u>ウェイト邸、
とでもしておきましょう。

gay　　　　今で言う、ゲイの、ではありませんよ。朗らかな、派手
な、という意味です。

Ayah　　　インドの言葉で、うば、子守、などを表す言葉です。英
語では外来語のため、大文字で始められています。

Mem　　　女主人を表す、Ma'am（Madam）、マーム（マダム）をイ
ンド流の発音で書いたものです。

Sahib　　　インドの言葉で、主人に対する、敬称を表す言葉です。
～様、～殿、に当たります。Mem Sahibで奥様、といっ
たところです。これも、英語では外来語のため、大文字
で始められています。Missie Sahibも、同作品を読み進
めていけば登場してきますが、お嬢様、とでも考えると
いいでしょう。

＊＊＊

THE SECRET GARDEN

By Frances Hodgson Burnett

CHAPTER I

THERE IS NO ONE LEFT

When Mary Lennox was sent to Misselthwaite Manor to live with her uncle, everybody said she was the most disagreeable-looking child ever seen. It was true, too. She had a little thin face and a little thin body, thin light hair and a sour expression. Her hair was yellow, and her face was yellow because she had been born in India and had always been ill in one way or another. Her father had held a position under the English Government and had always been busy and ill himself, and her mother had been a great beauty who cared only to go to parties and amuse herself with gay people. She had not wanted a little girl at all, and when Mary was born, she handed her over to the care of an Ayah, who was made to understand that if she wished to please the Mem Sahib, she must keep the child out of sight as much as possible.

＊＊＊

課題②- 1

以下のリンク先にアクセスしてください。

https://www.adamorbis.com/dearnewhighschoolers2.html
短縮: https://bit.ly/3oN6W9k

上で読んだ、最初から as much as possible までを、原文欄に掲載し、意味のまとまりごとに、改行したものを、解釈用欄に入れてあります。作業欄に、解釈用欄にあるものをコピペして、それぞれを解釈してください。送信後に解答例が表示されますので、ご覧になるといいでしょう。

また、「秘密の花園」でなくても、他の原書の200語程度を使い、同様の演習をなさっても結構です。その場合は、その他の作品と記してある作業欄に、その原文200語程度をコピペ、または記入し

て、同じく意味のまとまりごとに改行し、作業をして送信してください。当社から返事を差し上げます。

課題②- 2

　以下のリンク先にアクセスしてください。

https://www.adamorbis.com/dearnewhighschoolers2-2.html
短縮: https://buff.ly/46H5Fkv

　英字新聞や、英字雑誌、何でも結構です。読まれた新聞名・雑誌名と記事名を記入の上、たとえ語彙だけでも拾い、また、可能ならあらすじを英語で書いてきてください。当社から返事を差し上げます。

第4章

英語で書く

ここで言う英作文とは、和文の一文章が提示され、その和文の語を英語の語に置き換えて英訳するというものではありません。ここでの英作文は、課題が与えられていても与えられていなくても、国語の作文と同様に、自然で正しい文章から成り立ち、論理的に展開する作文です。英文法は、無味乾燥で、面白くないでしょうが、これをおろかにしては、基本的に正しい文章が書けませんし、上達も難しくなりますので、まず、良く学習してください。また、英文法をかなり身に付けた上でも、和文だけに頼ると、語順も日本語のもの、表現も日本語的、背景にある考え方までも日本的というような、文字はアルファベットで単語も英語の単語ではあるけれども、まるで日本語を読んでいるような文章になります。英語学習者の中には、語彙や文法・表現には非常に巧みな優等生もいます。しかし、そんな学習者でも、見た目の文法には間違いはないが、英語ではこのようには言わない・和文の癖が英語に出てしまう・和文の語順の英文になっている・表現が英語の文化に合わないといった不自然さが出てしまいます。また、辞書の訳語だけに頼って英訳すると、書かれた英文に、その訳語をそのまま当てて和文に訳しなおせば和文の通りに見えるが、英語では全然和文の内容に沿っていないような例もあります。

　例えば、「君も僕も同じ人間だ」といった文章は和文では間違いとはされません。よく使われます。しかし、これを、このまま英文にして、You and I are the same human. などとすると、字面を追う限り、正しく見えますが、間違いなのです。ここでの、the same human が意味するのは、同じ人間である、ということです。つまり、人間一人である、同一人物である、ということになってしまうのです。君と僕は 2 人であって、別々の人間です。ここで考えなければいけないのは、和文の意味は、同一人物であるといっているのではなく、人間という意味では同じである、ということなのです。ですので、英訳するとすれば Both you and I are humans. とい

うことになります。大学入試の問題などには、非常によく考えられた文章が登場し、こういう点で英語力も国語力も問う問題がよくあります。

日本語では、「勉強になります」、「ごちそうになります」、「お世話になります」、とよく言いますが、ここの、「なります」、を、become で表そうとする学習者もいます。ここでいう、「なります」、は become ではありません。英語の become は、病弱であったものが健康になる become healthy、子供が大人になる become an adult、人が、医者になる become a doctor、教師になる become a teacher、穏やかだった痛みが強烈になる become intense、といった、変化を遂げたり、程度が進んだりすることを言います。勉強も、ごちそうも、お世話も、変化や進歩を遂げている表現ではありません。文脈/背景にもよりますが、それぞれ、I have learned a lot. 多くを学びました、I will enjoy the feast. ごちそうを堪能します、Thank you for taking care of me. お世話をしていただいてありがとうございます、といった表現が英語では可能です。

また、「できるようになる」、という表現を日本語ではよく使います。be able to は、can の言い換えとして習うため、その「なる」を言うため、become able to と変える学習者がいますが、それは英語には存在しない表現です。 will be able to、つまり平たく言えば、今後できるであろう、という表現を使います。これで、日本語で言う「できるようになる」、ということが表現できるのです。

こういった、和文による影響に揺さぶられない英語力をつけるために、英語の原書を読みましょうと前章では強調しました。英語の語順・表現・考え方などを、読書をすることから学び使えるようになっていただきたいからです。

課題が出て、その課題について論議できるほど内容を知らない場合があります。また、新聞は読んでいるので日本語では書けても、英語になると書けない場合もあるでしょう。こういう場合は、ほぼ100％、充実した英語での作品は書けません。知識不足の作品を読むと、「この作者は、何も知らないのだな」ということが明々白々です。だから、普段から、英語の書籍・新聞などを読み、背景となる情報を得ておく必要があるのです。日本語で読んだだけなら、英語で書く場合、言いたいことも訳さないといけませんし、正しい語彙も浮かびません。

　また、毎回新たな課題に挑戦し、毎回ぶっつけ本番で、何らの下調べもなく作品を書く学習者が多く、丁寧なことに、「入試の本番を想定し、何も調べていません」という注釈付きです。まだ入試は１年も先のことであっても、です。これは、文法の勉強をせずに、文法の問題集の問題を解くのと同様で、単に書く以前に必要な学習や下調べを怠っているに過ぎません。過去問と同じ問題は決して入試には出ないでしょうが、類似の問題が登場することはままあります。各課題に挑戦する際に単語を調べたり文法を見直したり、情報の下調べをする、その積み重ねで知識は増えていくのです。入試の本番で、見慣れない内容が登場した場合でも、そういった周辺知識でかなり補えるようになるものです。この積み重ねが重要なのです。

　ということで、一段落でも１ページでも読み終えたら、今度は和文での学習と同じく、読者を想定した日記・エッセイ・読書感想文を英語で書けることを目標とする学習を始めます。すぐさま、日記やエッセイ・読書感想文に着手するのではなく、最初は読んだ英文の書写から始めます。書写をすると、英語の書き方がわかってきます。英語の語順・表現・文章の構成・運びを含め、語彙・英単語のつづりまでも練習することができるのです。これは、手書きです

べきです。それから自分の作品を書く段になれば、自分で書いた和文の作品をもとに書いてもいいでしょうが、和文の語順通りの対訳をしようと試みず、使える英語に表現をプラスするように調べて書いていきましょう。試験対策には、課題を与えられたものに答えるような小論文も、書いてみると良いでしょう。大切なことは、作品を書く際にラップトップやタブレットに直接入力するのではなく、まず手で書くということです。入試は手書きでしょうし、手で書くとキーを打つだけという単純作業ではなく、より複雑な手の動きが必要となることからも、その分、脳を使うため学習したことが定着します。キーボードを打つ方が早いから、ではそれだけの学習効果しかありません。手で書くという作業は学習には、必須なのです。

グーグル®やその他の検索エンジンの辞書を使ったり、辞書サイトを使ったり、機械翻訳（例: https://translate.google.com/）機能なども大いに学習に利用しましょう。複数の検索・翻訳機能を見比べてみることもしてみるべきです。しかしながら、検索や機械翻訳で登場したものが正しいか誤りかの判断が確実につくようになるまで、それらを鵜呑みにしてはいけません。最近は、検索エンジンにも人工知能（AI）が統合されたものも登場してきました。有効に活用し、学習に役立てましょう。

✗ してはいけないこと

① 和文で書いたものを上手に英語に訳せば、日本語と全く同じことを言えると考えてはいけません。日本語と英語は異なった言語で、似たところのほとんどない言語です。日本語で表現した考えを英語にしたところで、英語には置き換えられても、考えそのものが、自分の国、文化、言語、環境などからくる、常識や、先入観の様々な影響を受けたものである、という認識が必要です。また、非常にうまく訳せたとしても、それを実際に英

語圏の人が読んだ時、同じ感情を持ち、同じ感銘を受け、また、考えとして理解し、受け入れられると思うのは安易です。日本人同士でも起こりますが、外国の人が読み手の場合は、自分が書いた考えと、読み手がそれから得た考えの間に差があることを意識しておきましょう。非常にうまく書けた英文でも、理解を得られるのは、人間同士としての最大公約数となる部分しかないのです。その最大公約数を少しでも大きくするために、意思疎通をする必要があるのです。世界の中において自分の考えがどういうものであるかということを少しでも知るために、世界観を持ち、日本に固執した考えにとらわれないようにすることを強く訴えておきます。

② 日本で習う英語は、イギリス英語の文法と、アメリカ英語のつづりを採用した英米折衷の人造語です。それが最も如実に現れるのが、制限用法の関係代名詞に米国式のthatではなく英国式のwhichを使うにもかかわらず、つづりは英国式のcolourやfavouriteではなくcolorやfavoriteと米国式のつづりになるところです。これが日本で習った英語の特徴です。イギリス人が読んでもアメリカ人が読んでも、違和感を持ちます。英語は事実上世界の標準言語となり、英語圏以外の人々も書き・話す言語ですので、日本式の英語があっても不思議ではなく悪いとは言いませんが、自然な英語を書くことを目指すのであれば、英語ならどちらでもいいという考えはやめて、イギリス英語で書くかアメリカ英語で書くかを決め、それに従い書く練習をしないといけません。それに伴い、辞書も文法書も、可能なら日本人著者のものよりも、英国式の英語を学ぶなら英国で、米国式の英語を学ぶなら米国で出版されたものを選んで学習することをお薦めしておきます。辞書なら、英英になってしまいますし、参考書なら、全て英語になってしまいますが、英語の辞書を読むことも、英語だけで書かれた参考書を読むことも、必要

ですし、高校生なら理解不可能ではありません。

③ 英作文を書く上で、まず気をつけなければならないのは、意見を問われる課題の場合、作品の書き出しには、I think that 〜 と思います、In my opinion 私の意見では、My opinion is that 私の意見は、As far as I am concerned 私の考える限りにおいては、など、自分の考えである、自分の意見であると、あえて言うことは不要です。書く作品自体、その全部が、書き手の意見・思考なのです。この特徴から、英語は主体言語である、と言われます。日本語は、そうではありません。

④ また、ある発言が課題にあり、これに賛成か、反対か、と問われた場合、その発言を繰り返す必要はありません。

⑤ 日本語でよく使われる英語らしきもの、和製英語、は、ほとんどの場合、そのまま英語として使っては奇妙になります。よく調べて使いましょう。

⑥ 他者の書いたものは、人工知能（AI）を利用して作成されたものでも、自分の作品として、他者に見せるのは盗作といい、全面的なものでも、部分的なものでも、いけません。

文法・スペルチェッカー

　英作文をする際に、少なくとも、基本的なグラマーやスペリングのチェックは怠らないようにしましょう。英語版の、マイクロソフト社®のWord®などでもできますが、残念ながら、専門ツールではないため、あまり頼りになりません。例えば、Grammarly®というツールがオンラインにあります。サイトは、https://grammarly.comです。これはただで使えます。お金を出せばもう少し手助けを

してくれるツールですが、高校生ならまだお金を出す必要もありません。自分のメールアドレスと、パスワードを登録すると、使えるようになります。英語圏で作られたツールですから、サイトは全部英語で書かれていますので、登録や操作の仕方などわからなかったら、同サイトのサポートページ（https://support.grammarly.com/hc/en-us）を御覧になり、わからないところは、機械翻訳にでもかけるとわかるでしょう[2]。このツールは、AIを用いた同種類のツールの中でもかなり優秀なツールで、学習に便利です。ただし、あまりに英文法に沿わないめちゃくちゃな入力ではAIがはねてしまい、チェックが入らないことがありますので、自分の書いたものが正しいと早合点しないことが大切です。ほんの一つカンマが抜けている、あるいは余分なカンマが入っている、また無用の冠詞が入っている、または冠詞が抜けている等の些細なミスのため、AIが誤解してしまい誤った訂正が入ることもありますので、AIの訂正が常に正しいと誤解しないようにもしましょう。

　上の、してはいけないこと、で申し上げたことに関することですが、このツールでは母語を選択することができ、日本語を選ぶと関係代名詞制限用法で英国式のwhichを使い、つづりが米国式であってもエラーは出ません。しかし、自然な英語を目指すにはこれは考えものですので、母国語を英語に設定しておくことが重要です。そして、入力画面では英語か米語かを選択できますので、英語か米語かでは、常に同じ言語を選び、変えないようにすることを念頭においておくことも大切です。

　また、今後英語でのタイピングは必須になってきますので、手で書いた後それをタイピング入力する練習も必要ですので、このツー

2　文法チェックで、なぜ間違いにされるのかの説明が英語でなされるため、それがわからない場合は、作品を提出いただいた場合、添削をしますので、それを御覧ください。

ルでしておきましょう。

　技術も進歩し、最近はChatGPT®など、AIによる自動文書作成も可能になってきました。Grammarly®でも使えます。何か少し情報を提供すれば、まとまった作品が自動で生成されます。これも学習に利用しましょう。しかしながら、試験では手書きですし、標準・資格試験がオンラインでの試験であったとしてもAIツールにはアクセスできませんので、あくまでも学習で利用することを強調しておきます。学校へ提出しないといけない英作文を自動生成して、コピペしてしまうと、いつもの君の試験での成績や英作文を知っている先生にはすぐにバレてしまいますし、それは、盗作、という重大な規則違反であり、懲戒処分を受けても仕方のない、卑怯な行為です。自分の一生の信用を失い、棒に振ることになります。盗作検知システムも続々と開発されていますので、いずれ発覚することでしょう。たとえ、見つからずに隠し果（おお）せたとしても、その罪の意識は君の心に残り、良心の呵責にさいなまれ続けることでしょう。それは、君の姿形、言動や行動にも明白に現れ、社会的にも多大な悪影響が出ることになります。そんなことへっちゃらだ、となってしまったら処置なしです。君の人生は溝に捨てたも同然です。自分の作品でないものを自分の作品として使おう、という考え自体が意識に上る時には、すでに盗作をしているようなものです。高潔な人間性を養われることを、お祈りするばかりです。

　また、自分の作品をGrammarly®上にタイプして、チェックされたところを全部直して、満点になったところで学校や塾の先生に見て貰えば、ツールでは検知されない内容や構成について良いアドバイスをもらえるでしょう。試験での英作文は、文法やスペルが正しいだけでなく、内容も構成も、一貫性も、採点対象になります。自分の作品を指導者に添削をしてもらうことは大切です。それを復習することは、もっと大切です。見てもらいもせず、または、見ても

らっても復習もせずに毎日書くだけでは、同じ間違いを繰り返し、代わり映えのしない内容ばかりになり、決して上達しません。作品を書き、添削してもらったものを復習し、その知識の上に、また新たな作品を書く、というふうに繰り返していくと、英作文力が早く上達します。

作品の構成

　ここから、作品をどう構成するか、を書いておきます。日本人の作文は、なんとなく書き始めて、書いている途中で調子が出てきて、最後に結論、といった形態になりがちです。しかし、英語の作品というのは、最初に読み手を決め、構成の計画を立てて書き始めます。

　構成は、序論・本論・結論です。本論は、語数にもよりますが、高校生なら、短いものでは１段落、長めのものでは、３段落程度です。

　日本語の作品とは異なり、英語では、主要なことを先に言います。序論では、作品全体の主要なことを網羅した文章、英語では、thesis statement と言いますが、これを、作品の冒頭に近いところに書きます。

　本論でも、段落の内容をまとめた文章を段落の始めに近いところに書きます。段落での主要文章を、英語では、topic sentence と言います。各段落に必要です。

　本論の最後の段落では、自分の意見とは異なった観点もある、ということを言う必要があります。これも topic sentence で始めて書きましょう。日本人学習者の小論文・エッセイには、これが欠け

ています。賛成なら、賛成で、こういういいところがある、ということだけが書かれ、反対する人もいるという場合を考えていない作品がほとんどです。課題が問いかけている問題をバランスよく考えているか、網羅しているか、ということを示すためにも、これは、必要です。

　そして、結論です。それほど長いものではなくてもいいので、上記の理由により、や、上に書いた、これらの理由で、私は、〜である、と結べばいいでしょう。また、100語未満の、語数の少ないものなら、これは、序論にまとめて入れてしまえば良いので、繰り返す必要はありません。また、序論と全く同じになってしまわないよう、表現の工夫も必要です。

　以下にこれを表にしてまとめましたので、ご利用になるといいでしょう。これは、スピーキングでも、全く同じですので、スピーキングの場合も、これに沿って話しましょう。

作品の構成部	主要文	内容	コメント
序論	課題に問われていることに答える一文章を必ず、冒頭近くに入れる	賛成か反対か、や、都市か田舎か、など、２者からの選択の場合は、先にどちらかを言う	以下の理由で、や、以下の３つ（具体的な数）の理由で、などと入れると良い
本論段落１	理由１をまず書く	そして、それを説明・裏付けする	
本論段落２	理由２をまず書く	そして、それを説明・裏付けする	

本論段落3	自分は〜だが、それとは異なった意見を持つ人もある、反対する人もある、といったことを提示し、その点をまず書く	そして、それを論駁する、または、自説を主張する内容を書く	
結論	上記の理由で、と入れて、序論に書いたことを再度確認する	序論と全く同じにならないように表現を変えると良い	語数の少ない作品なら、序論を強化し、結論はなくても良い

本章の要約

　原書の読書は、英作文には重要な要素です。確かに英語ではあるのだけれど、まるで日本語の文章を読んでいるようだ、といった不自然な英語を書かないためにも、読んで得た知識と、書いて添削されたものを復習した知識とを合わせて、構成を整えた英作文の練習をしていきましょう。早く上達します。盗作は厳禁です。

英作文演習

　エッセイや、検定試験のライティング、小論文を書く際、使うに望ましい語彙を以下に列挙しておきますので、参考にされるといいでしょう。使い過ぎや、誤用に気をつけましょう。また、一段落や、一行ごとに遷移の副詞（句）を使う必要はありません。各語彙の使い方は辞書、ネット等で、用例を見てから使いましょう。

文章・段落の遷移に使える副詞や副詞句

accordingly　　何らかの前提があり、それにより、よって、と文章が続く場合に使え、thereforeの代わりにもなります。

additionally	情報を加える時に使えます。さらに、また、といった場合です。
consequently	何らかの結果を表す時に使います。
conversely	逆に、と前言の反対を述べる時や、逆の観点から見ると、といった場合に使えます。
evidently	明らかに、と、根拠や証拠のある場合に使えます。
furthermore	additionallyと同様に、情報を付け足す場合に使えます。
in addition	additionallyと同様です。
in contrast	これは、2つの考えを対照する場合に使えます。
in essence	発言の要素をまとめる場合に使います。
indubitably	疑いの余地がない、疑いなく、という場合に使えます。
inevitably	必然的に、といった、起こることが確実である、避けがたいことを言う場合に使います。
moreover	これもadditionallyと同様です。情報を補う場合に使えます。
nevertheless	それにもかかわらず、と、前言が以降の発言に影響がない場合に使います。
nonetheless	neverthelessとほぼ同様です。
notably	発言に注意を集めたい時、特に、といった場合に使えます。
notwithstanding	これもneverthelessやnonethelessと同様の意味合いで使えます。
remarkably	notablyと同様です。驚きを表すことも出来ます。
significantly	これも注意を引く表現で、有意義にも、と、意義を強調する時に使えます。
subsequently	その後、続いて、といった、何かの出来事の後のことを言う場合に使えます。

undoubtedly	indubitablyと同様で、疑いなく、という意味を表します。

有意義な動詞

advocate	何らかの意見を提唱する、または、大衆の意見を代弁するといった場合に使えます。
analyze	分析する、という動詞です。
argue	小論文では、これは口喧嘩をするという意味ではなく、論議する、という動詞として使います。
assess	評価する、という意味です。
challenge	これは、日本語の挑戦という名詞ではなく、動詞で、物事や意見に対して、反論する、対抗するという意味です。動詞で、自分の夢にchallengeする、というふうには使いませんのでご注意ください。
compare	これは、比較する、という意味です。
conclude	結論を述べる、作品を終える、結ぶ、という言う意味で使います。
contrast	これは対照する、という意味です。compareとの違いは、差異を際立たせるという意味があることです。
convey	意思疎通を図る、伝える、という意味です。
critique	批評する、です。
defend	守る、意見の正当性や、立場を擁護する、という意味で使えます。
demonstrate	やってみせる、読み手に正しさなどを説明する場合に使います。
elaborate	一つの考えや案などを、例や説明などを補足し、よりわかりやすくするという場合に使います。
emphasize	強調する、です。自分の論点に注意を引く時に使います。

evaluate	評価する、ですが、何かに数値・価値を付けるという意味での評価する、という意味です。論文が評価されている、という場合の、評判が良い、高い評価を受けている、という意味ではないので、注意が必要です。
examine	検討する、試験する、という場合に使います。
expound	何かに関し、詳しく説明する、という意味で使えます。
highlight	強調する、という意味です。
illustrate	demonstrateが動作による、やってみるであるのに対し、illustrateは描写による叙述をして詳細を語る場合に使います。
interpret	これは、通訳する、という意味以外にも、解釈する、という意味で使います。
investigate	捜査する、探索する、などの意味で使われます。
justify	正当化する、正当だとする、という意味です。
propose	提案する、という意味です。もちろん、結婚の申し込みをするという意味もあります。
refute	何らかの意見などに、反論する、異議を唱える、という動詞です。
reveal	それまで隠れていたものを詳（つまび）らかにする場合に使います。
substantiate	理論などを実例を挙げるなどで、実質のあるものとする、という意味で使います。
suggest	暗示する、提案する、に使います。proposeが明確な提案であるのに対し、suggestは、相手に言外に示す場合に使います。
support	支援する、という意味以外にも、論理を下支えする、という意味でよく使います。
synthesize	統合する、合わせる、という意味です。
validate	正しいとする、という意味です。

有意義な形容詞

cogent	明確で、論理的、かつ説得力のある、という意味です。
cohesive	つながりのあるものが、行動や事実で裏付けされている、という意味です。
compelling	興味や注意を引くことが可能な、という意味です。
convincing	他者に事実または真実であると信じさせることができる、という意味です。
critical	物事の利点・欠点などを分析する、という意味です。何かを批評するような、という意味もあります。天下分け目の、事故につながる、といった意味もあります。
empirical	観察や経験に基づいた、という意味です。理論に基づいたtheoreticalや論理に基づいたlogicalとは反意です。
impactful	影響の大きい、という意味で使われます。
impressive	印象深い、印象的な、という意味です。
in-depth	詳しい、詳細な、という意味で使えます。
insightful	洞察に満ちた、洞察力のある、という意味です。
noteworthy	言及に値する、という意味で、発言を強調する場合に使います。
nuanced	意味合いのある、という意味です。
persuasive	説得力のある、という意味です。
profound	深い、深遠な、という意味です。
prominent	顕著な、目立つ、という意味です。
relevant	関連する、という意味です。
rigorous	徹底した、網羅した、正確を極めた、という意味です。
robust	強く健康な、強健な、という意味です。

salient	最も目を引く、最も顕著な、という意味です。
significant	有意義な、という意味です。
sound	健全な、という意味です。名詞では、音、も表します。
substantive	内容のある、実質のある、という意味です。
thorough	徹底的なという意味です。
thoughtful	思考を凝らした、考え深い、という意味の形容詞です。
thought-provoking	
	思考を促す、という意味でよく使われます。
valid	正当な、という意味です。
well-founded	しっかりとした根拠に基づいた、という意味で、小論文ではよく使われます。
well-reasoned	しっかりと理由付けされた、という意味です。
well-supported	しっかりと裏付けされた、という意味です。

　また、学習者のエッセイ・小論文・スピーチに頻繁に登場する誤りの主なものを以下に挙げておきます。ライティングにもスピーキングにも当てはまりますので、よく読んでおかれるとよくある誤りを予め避けることができます。

1. 三単現の s の付け忘れは避けましょう。主語が単数で、三人称、つまり、Iやyou以外の場合、時制が現在なら、動詞は、三単現の s が必要です。

2. 上の、三単現の s を考えるのが面倒なので、名詞はすべて複数にするのも避けましょう。複数であるもの、また、一般的にその名詞に言及する場合なら、結構ですが、単数であるべき時に複数を使うと誤りです。また、不可算名詞の場合

は、複数形は存在しません。単複同形の名詞も単数形と異なる複数形はありませんので、気をつけましょう。

3. 上の 2 の弊害で、名詞すべてを複数にし、その代名詞を全部theyにしてしまうことも誤りです。これですと、何が何かわからなくなります。その名詞を言い直しましょう。

4. 最初に何かの名詞を代名詞itや theyにしたら、最後まで、それが最初に表したものの代名詞であると考え、使い続けるのも誤りです。小論文やエッセイ、スピーチには、文章数があるため、最初に代名詞で使ったものでも、次にその名詞に言及するまでには、数々の単数・複数の名詞が登場し、それを飛び越して同じ名詞を指すことはできません。同じくその名詞を言い直しましょう。

5. 冠詞を忘れるのも誤りです。英語の原作を読む時に注意して、読み込んでおきましょう。

6. 前置詞の誤りが多いので、調べて使いましょう。原作を読む時にも注意して読んでおきましょう。

7. 関係代名詞・関係副詞の非制限用法を正しく使いましょう。固 有 名 詞、例 え ば 人 名、George Washington、Natsume Sosekiや、また言及する時点で、制限のすでにあるもの、世の中に一つしかないもの、例えば家族、my motherや、国、Japan、都市、Tokyo など、必ず非制限用法、つまり、関係代名詞・関係副詞の手前にカンマを入れて使いましょう。

8. 等位接続詞、for, and, nor, but, or, yet, so（FANBOYSと覚えるといいでしょう）は文章と文章をつなぐ役割をし、その

右に独立節が続く場合、その手前にカンマが必要です。独立節というのは、主節の従属節ではなく、主語・述語がそろった、単文・単独で成り立つ文章です。

9. 8とは異なり、従属接続詞は、that, because, if, when, while, as, since等たくさんありますが、その場合、文中では特殊な例外を除いてカンマは不要です。例えば、My brother went to the woods because he loves walking in a quiet place. 静かな場所を散歩するのが好きなので、兄は森に行った、のように、です。

10. 従属接続詞で始まる、従属節だけでは文章は完成しません。例えばI went to Kyoto. Because I wanted to go there. 京都へ行った。行きたかったからだ。のように、Becauseで別文章のように始めません。I went to Kyoto because I wanted to go there. にすると、文章が完成し正しくなります。

11. 主格の人称代名詞Iは常に大文字で始めます。主語をiと小文字で書く人が最近増えてきましたが、英語の表記上これは誤りです。

12. 日本語では複数のような錯覚を起こす、every, each, everyone, everybody などは、英語では単数扱いです。皆さん、を表すeveryone では複数のように聞こえますが、every も each も、各々、それぞれ、という意味で、every ～ や each ～ で毎～、各～という意味なのです。

13. 文頭に数字は置きません。つづりましょう。また、文中で、時刻、金額など数字でないといけない場合を除き、数字は9まではつづりましょう。

14. 動詞は自動詞か他動詞かを見極めて使いましょう。自動詞には直接目的語は使えません。目的語の手前に前置詞が必要です。また、他動詞の目的語の手前に前置詞は不要です。

15. 名詞が必要なところに形容詞を使ったり、副詞が必要なところに形容詞が使われていたりする間違いが多いです。品詞を正しく使いましょう。

なお第9章に、様々な注意点を掲載していますので、それも合わせてご覧になると、ライティングやスピーキングに役立ちます。

課題③

自由課題：日記、エッセイ、各種検定試験の課題、何でも結構です。構成は、序論・本論・結論、です。書籍や新聞記事等を読み、最近知り得た内容で書いてください。下調べをせず、思いつきだけの作品では内容が貧弱になります。

課題を題名欄に入れて、以下のフォームで、作品を送ってください。当社から返事を差し上げます。

フォーム：
https://www.adamorbis.com/dearnewhighschoolers3.html
短縮: https://bit.ly/45RYC8T

第5章

英語を聴く

英語の試験でのリスニングというのは、短い音声を聴き、語られた詳細や、内容を問われるものですが、文学作品を聴くというのは、そういうことだけではありません。読書における文字が音声になっているものですから、視覚ではなく聴覚から、つまり異なった神経を使って情報を得て学習し楽しむことができるのです。音声というのは一瞬で消えますから、読書をするより集中することが必要になります。ほんの一瞬でも注意散漫になったら、聞けなかったところが空白になってしまいますし、たとえすべてが聴けてメモを取れたとしても、残るのはそのメモだけなのです。また、単語がところどころ聞き取れても、全体で何を言っているかがわからないというのは、語彙が少なく文法が定着していない場合に起こりがちです。録音というものが存在する現在では聞き直すことはできますが、何度もそうすると、実践では時間がかかってしまいますし、会話でも、何度も相手に、もう一度おっしゃってください、では相手が迷惑するでしょう。練習で聴く時は、安全で、静かな、邪魔が入らないところで、繰り返し聴きましょう。使われた言葉、読まれた調子などから、語られていない雰囲気や状況が目に浮かび、作者のいわんとすることがつかめればしめたものです。情報の入手には、内容が全く同じであったとすると、読むのが最も早く確実で、聴くのがより遅くなり情報は不確かな部分が出るのはやむを得ないことです。しかし、正確性は集中力で補えます。

　また、日本の英語教育は、文法と読解に重点が置かれ、大学入試を筆頭に、試験一般では、それらが重視されてきましたし、英語教育が進んだとは言え、その延長線上にある、ライティングが重視され始めてはいますが、リスニングや、スピーキングには、それが課される試験や経験を求めない限り、練習は積めません。この傾向は大幅には変わることは直ぐにはないでしょう。しかし、リスニングやスピーキングがおろそかになっていては、英語を言語として使えるようにはなりません。リスニングは、読解と同じで、文字が音声

になるだけですから、習った文法を駆使して練習していきましょう。

✕ してはいけないこと

　英語を読む時に和訳をしないようにするのと同じく、聴きながらセンテンスごとに日本語の文章に置き換えていくような、脳内での作業をやめましょう。言葉に出さないだけで、同時通訳をしていることになりますから、非常に疲れます。聞いた英語をそのまま理解していくようにしましょう。聞いた順に、意味を成す部分ごとに、英語のまま理解していけばよいのです。

　さて、「秘密の花園」の1章の一部を読んだら、朗読した音声がありますので、上の第3章の演習のテキスト部を開き、まずは文字を追いながら、以下の音声をテキスト部の終わり、as much as possible まで、聞いてみましょう。繰り返しますが、読む時と同じように、意味の通る部分ごとにフレーズを追いながら聴いていきます。以下のURLにアクセスして聴いてみてください。練習ですから何度も聞いて、最後は文字を追わなくても聴けるようになるまで聞きましょう。テキストにある部分を超えて、一度にたくさん聞こうとしないことです。途中から集中力がなくなり、聞き流してしまうようになります。聞き流してしまっては、学習になりません。なので、少しずつ集中して聴いていけば良いのです。

---

https://librivox.org/the-secret-garden-by-frances-hodgson-burnett/
短縮: https://bit.ly/3WWO1Fo

　上記URLまたはQRコードでリンク先にアクセスすると表が現れます。その01のそばにある、▶マークをクリックすると、第1章が聴けます。最初にお知らせがあ

SECTION	CHAPTER	READER	TIME
▶ 01	There is No One Left	Kara Shallenberg	00:13:28
▶ 02	Mistress Mary Quite Contrary	Kara Shallenberg	00:17:36

りますが、これは、聞かなくても結構です。0:22から、朗読が始まります。

本章の要約

　英語でも、言語の 4 技能のひとつである聴く力は、録音されたものを聴いて培います。日本語を聴くのに比べ訓練が必要ですが、聴いてわかるという状態がどういうものであるかをまず経験してみることが必要です。

課題④

　以下のページにアクセスしてください。

https://www.adamorbis.com/dearnewhighschoolers4.html
短縮: https://bit.ly/3NiPuCW

　作品冒頭からas much as possibleまでを、その音声に原文を添えて掲載しています。上でやったように文字を追いながら幾度も聞き、最後は文字無しで聴くことができるようになるまで聞いてください。今日の学習中に聴けるようにならなければ、また、明日続ける、というふうにすれば良いのです。これも読む時と同様ですが、聞こえてくるものを、その順に理解していくように聞きましょう。聞くと同時に頭の中で和訳してはいけません。

　他の作品の200語程度でも結構です。

　文字なしで聞いて理解できるようになっても、ならなくても、同ページのフォームでお知らせください。理解が完全でない場合は、練習を続けましょう。

第6章

発音・ストレス・抑揚

英語の発音・ストレス（日本ではアクセントと言われる場合もありますが、英語ではストレス stress です。英語で accent というと訛のことになりますのでご注意を）・抑揚の話をしておきます。英語を話しても発音やストレスの位置を間違えていて通じない、抑揚がなくて聞き手の興味を引けない、では、スピーキング以前の問題です。昨今、英語の書籍にはオーディオブックが同時に出版されているものが多数あります。上の 3 章で読む原書にも、オーディオ版があるものを選んでおきましょう。

　ここで、自然な英語を話すことを目標にしている方は、自分がアメリカ英語の発音を習うのかイギリス英語の発音を習うのか、さらにはオーストラリアやニュージーランド英語の発音を習うのかを決めることです。米国の作家が書いた作品を米国の朗読者が朗読するのは当然ですが、歴史のある文学作品になると、英国の作家の作品を米国の朗読者が朗読している例も数多くありますので注意が必要です。発音の傾向というのは掴めますが、我流では不自然です。英語圏の中でも話されている地域を無視して音声を選び練習してしまうと、話しているうちに英語と米語が混ざったり、オーストラリア英語の発音が混ざったりしてきますので、それでは標準語に関西弁や東北弁が混ざるのと同じく奇妙なことになり自然な英語になりません。ですので、自分が決めた発音で朗読されている音声を常に選ぶことが大切になります。日本語でも、標準語を普段話している人が大阪弁を使うと、大阪の人はもちろんのこと標準語圏の人をも弾いてしまいます。しかしながら、世界には、多様な発音が存在することを覚えておいてください。自分が米語を話すからと言って、オーストラリアの発音が悪いわけではありません。インドの発音が間違いなのではありません。自分の発音は統一しても、多様な英語の発音に触れて、聞き慣れておく必要があります。相手の発音を聞いて、わかりにくいなと思っても、それを表情に出すようでは、経験が浅いと思われても仕方がありません。自分が習ったことだけが

全てではないのです。

　さて、選んだ書籍を読んだ後ですので、内容は理解した上で、3章では、オーディオ版を聞いてわかるまで練習しました。内容を理解するリスニングの練習はしましたので、今度は、発音・ストレス・抑揚を練習していきます。ここでの、聴く、は、音そのものを聴く練習をし、その音を自分が再生できるように練習することになります。YouTube®を探せばテキスト入りのビデオもあります。でも、テキスト入りのビデオを見たからといって、読書だけをした場合と比べ読書効果はほとんどありませんので、テキスト入りビデオは、音声のトレーニングの際にテキストを目で追うために使うといいでしょう。また、そういったビデオは、ここでの、音を重点的に聴く作業に使えば便利です。ビデオを見ずに練習する時は、最初は書かれたものを目で追いながら、一語・一フレーズ・一文章ごとに聞きます。どの単語がどのように発音され、どこにストレスがあるのか、文脈によってどのフレーズに、文章全体では、どのようなところに抑揚があるかなど、聞いて勉強します。オーディオ版を聴くことで音声の練習する前に、原書に書いてある一部を自分が読み上げたものを一度録音しておくとどれほど音声上での差があるかわかるでしょう。YouTube®でもLibriVox®（リブリボックス）でも音声のスピードは変えられますので、一、二度テキストを見ながら詳細に聴いた後は、聞こえた通りに自分が読み上げる練習をしていきます。また、特定の一語の発音を取り出して聞きたい場合は、検索エンジンで検索できる辞書にもほとんど発音が入っていますので、発音を聞くといいでしょう。これで発音もアクセントも抑揚も身について、実際に自分が朗読した時や話した時に、英語話者にも違和感がなく伝わりやすくなるでしょう。

　また、無料で、自分の発音をチェックすることができます。検索エンジンでも、ラップトップ、またはタブレットでも、音声入力が

できる機能があります。また、ChatGPT® の入力に英語で音声入力もできます。これで、自分が喋った英語が画面上に文字になって表示されます。また、スマホを持っていれば、スピーキングのアプリなどはたくさんありますので、無料期間やお試し期間など、お金がかかるようになる前まで、色々使ってみるといいでしょう。この本は、新高校生を対象に書いていますので、お金を使うことは、必要な場合以外、おすすめしていません。

推薦音声

　読むための原書の推薦図書として上に出した作品の音声は、すべて LibriVox.org® というサイトに音声がありますから、それを検索しリンクを貼っておきました。このサイトにある作品も、全て無料で聞けますし、ダウンロードもできます。

　また、このサイトのカタログ

> https://librivox.org/search?primary_key=0&search_category=
> author&search_page=1&search_form=get_results
> 短縮: https://bit.ly/43xlitn

では、著者名、作品名、ジャンル、など、様々な方法で朗読音声が分類されていますので、閲覧も、キーワードでの検索も可能です。

　さあ、聞きましょう。どの音声ファイルにも、最初にお知らせがありますが、それは、聞き流していいですよ。また、音声のスピードの調節の仕方は以下にありますので、最初はゆっくりとした、発音の詳細が聞けるスピードで始めるといいでしょう。

The Call of The Wild–Jack London
（荒野の呼び声－ジャック・ロンドン）
https://librivox.org/call-of-the-wild-by-jack-london/
短縮: https://bit.ly/3N0L6qD

Black Beauty–Anna Sewell（黒馬物語－アンナ・シュウエル）
https://librivox.org/black-beauty-by-anna-sewell/
短縮: https://bit.ly/3OXRTnQ

The Secret Garden–Frances Hodgson Burnett
（秘密の花園－フランシス・ホジソン・バーネット）
https://librivox.org/the-secret-garden-by-frances-hodgson-burnett/
短縮: https://bit.ly/3WWO1Fo

発音・ストレス・抑揚の演習

　さて、今度は発音、ストレス、抑揚、の演習です。

　音声をよく聴き、朗読者の音声を真似ながら、一語、一フレーズ、一文章と、発音の練習をしていきましょう。

　自分には速過ぎてよく聴けない、という場合は、上のリンク先にアクセスして、01のそばの▶を押して、1章を選び、画面が出ますと、右に3点が上下に並んでいるマークがあります。それをクリックすると、Playback

speed（再生速度）という選択肢があります。それを押すと1（Normal）が通常スピード

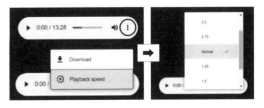

77

で、0.75になると、遅くなるというふうに、スピードが調整できますので、一語、一フレーズ、一文章と、自分が全語の発音を聴けるスピードにして、練習しましょう。音声をよく聴き、それに近くなるように発音しながら練習していきましょう。また、英語の発音・ストレス・抑揚というのは、少し練習すればかなり上達しますので、一旦慣れてできるようになってしまえば、いつまでも最初のような努力が必要なのではありません。より上手になりたければ、しっかりと練習を積んでいけば良いのです。

　日本人の英語学習者で、SとTH、BとV、LとR、HとFとで、それぞれが異なった音であることを知らない人はいません。しかしながら、それらを発音し分けられる人は少ないのです。ここで、知っていることと、できることは異なることがわかると思います。また、それぞれの発音はどういうふうにするとできるかいうことも皆知っています。しかし、実際にこれらの音が入る単語を正しく発音できるか、というと、できない人が多いのです。文字が目の前にあれば、つづりがありますので、できる人は増えますが、目の前に文字がないと、間違える人が多いのです。発音し慣れるまで、つづりをしっかりと頭に入れておく必要があります。

　上で書いたのは子音と呼ばれる音です。しかしながら、日本人の英語話者が弱いのは、子音ではなく、むしろ母音なのです。日本語の母音には「あいうえお」の5音しかないため、英語の2重母音を含む15の母音とRを伴う4つの母音を発音仕分けにくいのです。ですから、「あいうえお」に近ければ、日本語の「あいうえお」を発音するように発音するのではなく、発音の練習をする時には、耳を澄ませて、ネイティブの発音をよく聴き、同じ音を自分も発音できるように繰り返し練習する必要があります。

✖ してはいけないこと

　文字を追いつつ、長い朗読に発音しながらついていく方法や、文字を見ないで朗読に瞬時あとからついて発音していくシャドーイングといった練習の仕方は、内容が理解できていない、つまり、読書がよくできていない場合、また書かれている語に不慣れな場合や練習するテキストの文字や音声に不慣れな場合、さらに自分に発音やストレス・抑揚が定着していない間は、あまり役立ちませんので避けたほうが賢明です。文字を見ていれば読み上げることにかかりきりになってしまい、またシャドーイングをしてもところどころしか発音できません。面倒でも、最初は一語単位・フレーズ単位・文章単位で聴いて練習して200語程度やり終えたら文字を追いつつ、その後は文字無しで朗読について発音していくという練習もするといいでしょう。個々の発音を練習したあとでも、音声を聴くことをおろそかにしてしまって自分が文章を朗読・発音するのにかかりきりにならないようにしましょう。シャドーイングをする場合は、自分が全語発音できているかに注意しましょう。

本章の要約

　発音、ストレス、抑揚を練習する時は、最初は、語単位、フレーズ単位、文章単位、で音声を聴きながら練習し、まとまった練習を済ませた後で朗読を追いながら発音をしていくといった練習をしていきましょう。

課題⑤

　最初から、as much as possible までを、一語・一フレーズ・一文章と段階を追って練習してください。練習し終わったら、自分の発音したものを録音して以下のフォームで送ってください。他の作品を練習された場合は、その原文を添えていただいて送ってくださっ

ていいですよ。コメントをお送りいたします。

フォーム: https://www.jotform.com/form/211403986678062
短縮: https://bit.ly/45OBNTr

No. 1の課題番号に、DHS 5 とご入力ください（次頁参照）。

No. 3への記述は、他の作品を録音される場合のみ、必須です。

No. 4または、No. 5で録音音声を添付してください（次頁参照）。

No. 6のEメールは必須です（次頁参照）。

他は空欄でお願い致します。

アダモービス - スピーキング・発音練習

音声・原稿入力フォーム

課題が必要な場合は、

スピーキング課題

を御覧ください。

1. 課題番号（ある場合）

DHS5

2. 持ち込み課題（ある場合）

話数に制限はありません

3. 録音内容原稿 (任意・口頭で言えるようになるまで原稿を記入しておいても便利です)

タイプしてご入力ください

4. ファイルアップロード（任意 - 原稿を入力したものを、画像やファイルで、または、録音済みの音声ファイルを送付する）

⬆
ファイルを検索
Drag and drop files here

5. ボイスレコーダー （Record ボタンを押すとアプリ上で許可を求めますので、 allow 許可、を選択してください。停止は Stop を押し、再生 Play することもできます。先の録音は次の録音で消えてしまいますので、何度でも録音できますから、練習にも是非お使いください。音声ファイルを上で添付頂く場合は、録音は不要です。）

🎤 Record 0:00 / 3:00

6. Email （任意 - 自分の記録として自分にコピーを送り、当社から詳細な解説を受け取りたい場合だけ）

example@example.com

第7章

スピーキング

ここから、スピーキングの練習について書きます。英語は読めるけれど話せないでは、言語能力が大きく欠けることになります。英語の勉強に英会話を習う人は大勢いますが、試験の準備としてのスピーキングに重点をおいて書いておきます。

　1章で練習したように、メモを見ながらまとまった話が日本語でできるようになって初めて、英語でも、全文を書き出さずに要点を見て話せるようになるものです。なので、今度は英語で読み・聴き・朗読した原作の一部を暗記してそれを暗唱することから始めます。すでに発音・ストレス・抑揚などは、上の練習で身についてきていますので、それほど苦にならないはずです。次に、自分の書いた英文の日記やエッセイで添削してもらったものを、繰り返し口頭で読み上げ覚えてしまいます。そして、それを暗唱できるようにします。最後に、テーマと聞き手を決めて構成を整え、考えを全文書き出さずに要点をメモしておくだけで英語で話す練習をします。練習、頑張ってください。要点を見て話せる程度になって内容が伴えば英検®1級の2次試験もおそらく受かることでしょう。

⊗ してはいけないこと

①　英作文と同様、意見を問われる問題では、I think that、In my opinion、As far as I am concerned などは不要です。

②　賛成・反対を問われる問題で、その問題にある意見や発言を冒頭で繰り返す必要はありません。

③　英作文で使う記号はスピーキングには出せませんので、記号に頼った英作文を朗読してもわかりにくくなります。記号に頼らない話をすべきです。

本章の要約

　日本語で話す訓練をした時と同じ様に、まずは、英語で全文書き出したものを覚え暗唱する練習から始めて、それから要点を見ながら話す練習をしましょう。

スピーキングの演習

　音声というのは、書き物とは異なって残りませんから、スピーキングは練習したものを録音したり、録画したりして、自分の発音やストレス、イントネーションがうまくできているか確かめる必要があります。またスピーキング中に、あー、や、うー、といった不要な発声など、癖がないかどうかも確かめましょう。スマホやラップトップの音声レコーダーやカメラを使うと、簡単にできます。また、動画を撮ればスピーキング中の姿勢や、動きなども確かめられます。スマホもラップトップも使わず、家族の前で話して、フィードバックをもらうのも良いことです。生産的で楽しい家族のイベントにもなりそうですよ。

課題⑥-1

　添削済みの英語の日記やエッセイを暗唱したものを録音し、以下のフォームで送ってください。コメントをお送りします。

フォーム：https://www.jotform.com/form/211403986678062
短縮：https://bit.ly/45OBNTr

No.1の課題番号に、DHS6.1とご入力ください（次頁参照）。

No.3に原稿を記入願います（次頁参照）。

No.4または、No.5で録音音声を添付してください（次頁参照）。

アダモービス - スピーキング・発音練習

音声・原稿入力フォーム

課題が必要な場合は、

スピーキング課題

を御覧ください。

---

1. 課題番号（ある場合）

DHS6.1

---

2. 持ち込み課題（ある場合）

語数に制限はありません

---

3. 録音内容原稿 (任意・口頭で言えるようになるまで原稿を記入しておいても便利です)

タイプしてご入力ください

---

4. ファイルアップロード（任意 - 原稿を入力したものを、画像やファイルで、または、録音済みの音声ファイルを送付する）

☁
ファイルを検索
Drag and drop files here

---

5. ボイスレコーダー （**Record** ボタンを押すとアプリ上で許可を求めますので、 **allow** 許可、を選択してください。停止は **Stop** を押し、再生 **Play** することもできます。先の録音は次の録音で消えてしまいますので、何度でも録音できますから、練習にも是非お使いください。音声ファイルを上で添付頂く場合は、録音は不要です。）

🎤 Record   0:00 / 3:00

---

6. Email （任意 - 自分の記録として自分にコピーを送り、当社から詳細な解説を受け取りたい場合だけ）

example@example.com

No. 6のＥメールは必須です（前頁参照）。

他は空欄でお願い致します。

▌課題⑥-2

　今度は、テーマを決め聞き手を想定し要点を書くだけで話してみましょう。構成は、序論・本論・結論の３段構成です。予備練習は必ず行ってください。

テーマの例は、

　A 今日のでき事
　B 最近のニュース
　C ５年後の私

　これも、録音し以下のフォームで送ってください。コメントをお送りいたします。

> フォーム: https://www.jotform.com/form/211403986678062
> 短縮: https://bit.ly/45OBNTr

No. 1の課題番号に、DHS6.2と入力し、上の例題の記号Ａ、Ｂ、Ｃのいずれか、またはご自身で付けた題名と、想定した聞き手をご入力ください（次頁参照）。

No. 3にスピーチの要点メモを記入願います（次頁参照）。

No. 4または、No. 5で録音音声を添付してください（次頁参照）。

No. 6のＥメールは必須です（次頁参照）。

他は空欄でお願い致します。

アダモービス - スピーキング・発音練習

音声・原稿入力フォーム

課題が必要な場合は、

スピーキング課題

を御覧ください。

---

1. 課題番号（ある場合）

DHS6.2

---

2. 持ち込み課題（ある場合）

語数に制限はありません

---

3. 録音内容原稿 (任意・口頭で言えるようになるまで原稿を記入しておいても便利です)

タイプしてご入力ください

---

4. ファイルアップロード（任意 - 原稿を入力したものを、画像やファイルで、または、録音済みの音声ファイルを送付する）

ファイルを検索

Drag and drop files here

---

5. ボイスレコーダー（Record ボタンを押すとアプリ上で許可を求めますので、allow 許可、を選択してください。停止は Stop を押し、再生 Play することもできます。先の録音は次の録音で消えてしまいますので、何度でも録音できますから、練習にも是非お使いください。音声ファイルを上で添付頂く場合は、録音は不要です。）

🎤 Record　0:00 / 3:00

---

6. Email（任意 - 自分の記録として自分にコピーを送り、当社から詳細な解説を受け取りたい場合だけ）

example@example.com

第8章

英会話

英語での会話は、書き物が手元にあるわけではなく、また、予め会話がどう進むかというようなスクリプトもありません。そして、相手がありますので、社交的な面でも気を使うことがあります。しかし、間違いを恐れていては上達しませんので、練習する必要があります。ネイティブスピーカーで協力してくれる人がいれば良いのですが、学習者全員の身近にそういう人がいるわけではありません。英会話スクールに通っても、オンラインの英会話レッスンを受けるにしても授業料は必要です。

　最近は、AIによる、英会話教材やアプリも多種出てきていますが、これもほぼ有料です。ですが、上達しようと思えば、これだけは、お金を使って損のないものですので、今どきの高校生は、お小遣いもかなりあるでしょうから、大金ではないなら、少しはお金をかけるべきところです。自分への投資と考えましょう。

　AIなら、人ではないので、予約を取る必要もなく、一人で好きな時間に練習できます。また、人との交流が好みなら、オンライン英会話でも、英会話スクールでもいいでしょう。発音から、ストレス、抑揚などから、話した場合の文法まで、よく練習して、ペラペラと楽しく会話できるようになったらいいですね。

第9章

注意点

言語というものには、必ず例外はあります。しかし、以下に書いてあるものは、その例外を除いて、概ね当てはまるものですので、参考にして学習を進めてください。また、すべてを網羅することはできませんので、ここで得た知識を使い学習を進めるきっかけとしてください。

1. 冠詞

　不特定の可算名詞単数には必ず不定冠詞a/an（a student, an apple）を付けましょう。また、a/anの使い分けは発音ですので、文字が母音でもaを使う場合（a US company）や、子音でもanを使う場合（an honor）もあります。さらに、名詞に形容詞が付いている場合、a beautiful ladyやan extravagant tripのように、その形容詞の発音によって不定冠詞は決まります。

　また、特定する単数名詞には定冠詞theを使いましょう。

　複数の名詞には不定冠詞は無用で、特定する複数名詞にはtheを忘れず使いましょう。

2. 不可算名詞と三単現

　不可算名詞とは、数えない名詞です。例えば food, fast food, seafood, information, advice, money, time が不可算名詞であることを認識せずに、複数形の s を付けてしまい間違いとなるものです。また、不可算名詞ですので、単数ではなくても、単数形を使い、単数として扱いますので、それが主語で、かつ時制が現在形の場合は、動詞に三単現の s が必要になることを忘れないようにしましょう。

不可算名詞の例を挙げておきます。

water, milk, coffee, tea

air, CO2（または CO₂）, oxygen, carbon dioxide, nitrogen

food, seafood, sugar, salt, rice, bread, cheese, butter

furniture, equipment, money, luggage, baggage, trash, garbage, junk, rubbish

news, information, knowledge, intelligence, courage, advice, happiness, love, time, weather, music, homework, pollution, beauty, traffic

3. 不可算名詞と数量詞

　不可算名詞は数えませんので、可算名詞の数が多いことを表す、数量詞の many は使えませんから、量が多いことを表すには a lot of を使うことになります。このため、可算名詞の数量詞には、many を使うことをおすすめしておきます。でないと、何もかもが a lot of となってしまいます。

　不可算名詞に使える数量詞を以下に挙げます。 much も不可算名詞の量が多いことを表しますが、これは、通常、否定と使います。 -ing の形を取る動名詞は、不可算名詞となることが通常ですので、studying を使って例を挙げておきます。

not much studying, too much studying

a little studying

little studying

a bit of studying

a good deal of studying

a great deal of studying

no studying

　ここで、a little が少しを表すのに対し、a がなく little だけの場合、ほとんどない、ということを表します。

　不可算名詞にも可算名詞にも使える数量詞を以下に挙げます。

all of the students/studying
some students/studying
most of the students/studying
enough students/studying
a lot of students/studying
lots of students/studying
plenty of students/studying
a lack of students/studying

　また、不可算名詞には、単数を表す不定冠詞 a や、an は不要です。

4. 単複同形の名詞

　単複同形というからには、可算名詞です。以下に例を挙げておきます。

deer
sheep
fish（異なる種が存在する場合はfishesとする場合もある）
carp
trout
series

94

species

aircraft

spacecraft

crossroads

headquarters

offspring

swine

5. 集合名詞と呼ばれ、グループを一つとして扱う名詞

以下に例を挙げておきます。

audience

crew

team

family

government

committee

class

staff

club

orchestra

choir

group

society

company

school

organization

board

一家族を表す family は集合名詞ですが、家族が複数存在する場合は、families と家族そのものが複数になります。各語において、それぞれの構成員を言う場合は、member を使います。最後のboardは、板、ではありませんよ。企業や組織の役員をひとまとめにして言う言い方です。

6. 定冠詞が必要な語

same　– 常に the same の形で使われます。

　最上級 – 常に the most, the best, the most beautiful, the fastest のように使われます。

　序数 – 何番目を表す場合、常にthe を伴い、the first, the second のように使います。ただし、ランキングでの何位、競争での何等という first, second などには、the は伴いません。

　地勢 – 海洋（例：the sea, the ocean, the Pacific, the Atlantic）河 川（ 例：the Mississippi, the Nile）、 山 脈・ 連 山（ 例：the Rockies, the Andes）、複数連なった湖（例：the Great Lakes 五大湖、the Fuji Five Lakes 富士五湖）など、the が伴います。ただし、山（例：Mt. Fuji）、湖（例：Lake Biwa, Lake Akan）、湾（例：Sagami Bay）には、the は伴いません。ただし、都市の名前が入る湾（例：the San Francisco Bay）や、the bay of ～ と、～に都市の名前が続く場合は、the を伴います。

　政府機関 – the government 政府、the Department of State 国務省など、the が伴います。

7. 無冠詞

交通手段をgoの後にbyで表す場合 – We will go by car. のように、by bus, by train, by airplaneなどbyに続く名詞には、無冠詞です。

動詞のうち、be動詞やgoから続く前置詞の後の名詞には、無冠詞です。Jack is in school. やI go to school. とします。

季節 – in spring, in summer, in fall, in autumn, in winter です。

機関 – Tom is in college/prison/church. などです。

食事 - 形容詞が伴わないbreakfast, lunch, dinner, supperには、無冠詞です。

疾病 – cancer ガン、pneumonia肺炎、appendicitis虫垂炎など、無冠詞です。ただし、インフルエンザfluや、ハシカmeasles、また、おたふくかぜmumpsは通常the を伴います。

時間帯 – We usually travel by night. 通常、夜間に移動します、や、He is an engineer by day and a pizza delivery man by night. 彼は、昼間はエンジニア、夜はピザの配達員をしています、と使います。

8. Used to の3つの使い方

be used to 名詞または動名詞で、〜に慣れている、ということを表現します。

used to 不定詞で、かつて〜したものだ、という過去の習慣を表します。

be used to 不定詞で、〜するのに使われるという受動態を表します。

9. have to と must の違い

せねばならない、を表す have to と must には違いがあります。ほとんどの場合、must で表せることに、have to が使われる傾向があります。

have to は、〜する以外には、手はない、といった背水の陣のような状況におかれた場合に使います。You have to earn an A in this course; otherwise, your GPA will fall below 3.0, and you will lose the scholarship. この講義でAを取らないと、グレードポイントの平均が3.0未満に下がって、奨学金がもらえなくなるよ、といった場合です。

must には、主体の意志が伴います。I must go. 行かなくちゃ、ですが、行かなくても大惨事になるわけではない場合に使います。ただし、must は、現在形にしか使えませんので、過去形になる場合は had to、未来形にする場合は will have to を使います。

10. 前置詞

前置詞は、後続の名詞だけに影響を受けるものではありません。先行する、名詞、形容詞、動詞とともに使うものもありますので、例を挙げておきます。

先行する名詞とともに使う前置詞

access to – You have access to the Internet. インターネットにアクセスできます。

to the accompaniment of – The troop marched on to the accompaniment of the brass band performance. 吹奏楽団の演奏に合わせて、部隊は、行進を続けた。

先行する形容詞とともに使う前置詞

be absent from – James was absent from school yesterday. ジェイムズは昨日学校を休んでいた。

be acceptable to – Please offer a solution that is acceptable to us. 私達に受容可能な解決法を提供してください。

先行する動詞とともに使う前置詞

abandon oneself to – You should not abandon yourself to temptation. 誘惑に溺れるべきではない。

abide by – The people must abide by the law of the country. 国民は、国の法律に従わねばならない。

11. よく似ていて紛らわしく、間違えやすい語

- accept vs. except - 受け入れる vs. 除外する
- affect vs. effect - 影響を与える vs. 効果
- appraise vs. apprise - 評価する vs. 知らせる
- capital vs. capitol - 首都 vs. 議事堂（Capitol で米国の国会議事堂）
- censor vs. censure - 検閲する vs. 非難する
- complement vs. compliment - 補完する vs. ほめ言葉

- complementary vs. complimentary - 補完的 vs. お世辞の

- desert vs. dessert - 砂漠 vs. デザート

- discreet vs. discrete - 慎重な vs. 個別の

- economic vs. economical - 経済的 vs. 節約的

- elicit vs. illicit - 引き出す vs. 違法の

- farther vs. further - より遠い vs. さらに

- hard vs. hardly - 難しい、困難な（work hard で一生懸命働く）vs. ほとんど〜ない

- historic vs. historical - 歴史的、歴史に残るような vs. 歴史上の、歴史の

- loose vs. lose - 緩い vs. 失う

- personal vs. personnel - 個人的な vs. 人員

- pray vs. prey - 祈る vs. 獲物

- precede vs. proceed - 先行する vs. 進行する

- principal vs. principle - 主要な vs. 原則

- stationary vs. stationery - 静止した vs. 文房具

- their vs. there vs. they're - 彼らの vs. そこに vs. 彼らは〜である

12. 自動詞と他動詞

　自動詞というのは、目的語を直接取れませんので、目的語を使う場合は、前置詞が必要です。自動詞は目的語を取らないため、受動態にはできません。

　自動詞の例を挙げておきます。

appear

arrive

be

become

disappear

exist

fall

feel

happen

occur

remain

seem

　自動詞は、ほとんどの場合、動詞で終わるか、前置詞で目的語を導くか、形容詞が続くか、または、to be を続けて名詞が続くか、です。

　前置詞を続けるのは、例えば、

I arrived at the hotel.

のように、hotelを目的語とするためにatを使うような場合です。

　seemや appearに to beを続けるのは名詞の場合です。形容詞が続く場合はto beは不要です。形容詞が続く場合は、

She seems comfortable.
The coast appears clear.

というふうに使います。名詞が続く場合は、

She seems to be a nurse.
The coast appears to be a cliff.

というふうに使います。

　また、他動詞というのは、直接目的語を取れる動詞ですので、前置詞は不要です。例えばreadですが、

I read a book.

の例のようにreadとa bookの間には、前置詞は不要です。

　ほとんどの動詞は自動詞でもあり、他動詞でもあります。

　目的語を 2 つ取る他動詞もあります。以下に例を挙げておきます。

- give
- show
- tell
- send
- offer
- buy
- pass
- teach
- lend
- write
- promise
- make
- bring
- sing
- show
- ask

- offer
- mail または email
- save
- spare

　目的語を2つ取る動詞は、動詞の直後に間接目的語を置き、そして直接目的語を置きます。例えば、He gave me a gift. というふうに間接目的語である、meを先に、そしてa gift直接目的語を置きます。また直接目的語を動詞の後に置いた場合は、間接目的語には、toあるいはforを付けて後置します。例えば、He gave a gift to me. のように、書きます。

---

13. 特殊な形容詞・副詞

　形容詞というのは通常、pretty, prettier, prettiestや、beautiful, more beautiful, most beautifulのように、原級、比較級、最上級があります。ここで言う特殊な形容詞というのは、それがなく、一切の程度を表す副詞を伴わないものです。以下がその例です。

- unique
- absolute
- entire
- dead
- perfect
- impossible
- infinite
- complete
- universal
- fatal
- eternal

特に、ユニークという語が日本語にあるため、その日本語の意味でとらえると程度を付けられそうですが、英語のuniqueは、唯一無二の、比類なき、という意味ですので、a bit unique も、more unique もないのです。

また、副詞も同様で、fast, faster, fastest、や、quickly, more quickly, most quickly と、原級・比較級・最上級が通常、存在します。しかし、以下の例は、それがなく、程度もありません。

- absolutely
- completely
- entirely
- extremely
- perfectly
- totally
- utterly
- incredibly
- unquestionably
- inevitably

また、先に述べた等級や程度の付けられない形容詞を修飾するには、ここに挙げた等級や程度の付けられない副詞で修飾することが可能です。

14. 特殊な動詞

A.すべての動詞がwantと同じ、I want you to do something. といった構文を取るとは限りません。以下の動詞は特殊な動詞で、動詞 + that + 主語 + 原形の構文を取ります。

- recommend: "I recommend that you read the book."
- suggest: "She suggested that he take a vacation."
- demand: "The manager demanded that the project be completed on time."
- insist: "She insisted that he apologize for his behavior."
- propose: "They proposed that we have a meeting next week."

　B.また、以下の動詞の例は上記の構文も、want you to do somethingの構文も取れます。

•advise: "He advised that we wait for further instructions."
•request: "They requested that she submit her report by Friday."
•urge: "I urge that you reconsider your decision."
•ask: "She asked that he help with the cleanup."
•command: "The general commanded that the troops march forward."
•beg: "I begged that she reconsider her decision to quit the team."
•encourage: "I encourage that she pursue her dreams and never give up."
•expect: "I expect that she learn the poems by heart."
•intend: "I intend that she complete the project by the end of the week."
•persuade: "I persuaded that he go to graduate school."
•require: "The university requires that all students complete an internship before graduation."

　しかしながら、例えば、

I persuaded that he go to graduate school.
I persuaded him to go to graduate school.

の 2 文では、意味がやや異なります。上は、「彼が大学院に進学する」という行動をとるように説き伏せた、という意味で、下は、「大学院に進学する」ように彼を説き伏せた、という意味です。

15. 単純仮定と仮定法

単純仮定というのは、事実とは異なることではなく、単純にとあることを仮定して、そういう場合はこうなる、ということを表現します。例えば、

If you heat water to 100 degrees Celsius, it boils.
セ氏100度まで水を加熱すると、沸騰する。

のように、if節も主節も現在形で使います。

仮に仮定法現在とここでは呼んでおきますが、未来のことを予測して、それに対し、こうなるであろうということを言うには、例えば、

If it rains tomorrow, I will stay at home instead of going for a walk in the park.
明日雨が降れば、公園に散歩しに行く代わりに、家にいるだろう。

のように、if節には、現在形、主節には、未来形を使います。このwillがcanでもmayでも結構ですので文脈に合う、助動詞を使うといいでしょう。

また、if節には、tomorrowのような未来のことでも助動詞willは使いません。

　仮定法過去というのも習うと思いますが、現在の事実とは異なることを仮定して、それに対し、その結果を予測する、ということを表現するには、例えば、

If I won the lottery, I would travel around the world.
もし宝くじに当たれば、世界中を旅して回るだろう。

　のように、if節には、過去形、主節には、would + 原形を使います。このwouldがcouldでもmightでも、また、shouldでも結構ですから、文脈に合う助動詞の過去形を使えます。

　また、if節に、wouldを使うことはほぼありませんが、shouldやcouldは、過去形の助動詞として使います。

If I could go to your home, I would help you with your homework.
君の家に行けるなら、宿題を手伝ってあげるだろう。

　のように、です。

　仮定法過去完了というのも、習うと思いますが、過去の事実とは異なることを仮定して、どうなっていただろうと予測するものです。例えば、

If I had studied harder, I would have passed the exam.
もしもっと一生懸命に勉強していたら、試験に合格していただろう。

　のように、if節には、過去完了、主節には、would + have + 過去分詞を使います。同じくこのwouldは、文脈に合わせ、could, should, mightなど過去形の助動詞を使うこともできます。

また、ここでは混合仮定法とでも呼んでおきますが、if節を仮定法過去完了にして、主節を仮定法過去にすることも可能です。

If my mother had not prevented me from attending music school, I would be a pianist by now.

もし、音楽学校に行くのを母が妨げなかったら、今頃は、ピアニストになっているだろう。

　といった具合です。

　事実と異なることを仮定する仮定法過去と仮定法過去完了においては、その言外に、しかし、実際はそうではない、あるいはなかった、ので、続く推測は現実ではない、または、なかった、ということを言っていることになります。

あとがき

　これまでに書いたものは、君が高校で習う英語を学習しながら、国語力・英語力を含めた揺るがない言語能力が付く方法です。実践すれば、君の英語力は英語圏のどこに行っても、不自由なく意思疎通ができるものになります。でも、どれほど勉強したところで知らないことは無限にあります。なので、謙虚な気持ちで普段から読み書き聴き話すことを励行し、学ぶ姿勢を忘れてはいけません。しかし、小さな種が大きな作物に育つように、少しの努力で大きな力が付いていきます。この本にある演習を１セットとして、次々とそれを繰り返していけば学習態度が変わり、驚くなかれ、国語や英語だけでなく他の教科の成績も学習に伴い良くなっていきます。つまり、この方法を実践しないのは損になります。怠けず、飽きずに、毎日淡々と学習を続けていくだけで、大学入試までには、国語・英語に関してはしっかりとした実力が付き、他の教科も学習次第では実力が伴っていきます。自分を信じて勇気を持ち、じゅんじゅんと学習を続けていってください。

　また、日本にいると、都会でもそれほど英語を使う機会がないと思われますが、英語イコール教科、イコール解くべき問題、イコール試験、イコール遠いものではないのです。英語といえば学校で習うもの、問題に回答・解答するもの、試験を受けるもの、遠いものと思わず、英語に親しみ使えるようにになられることを願っています。

　英語は日本語と同じく言語であり、それを使い毎日生活している人々がいるのです。なぜ、この意識が日本の英語学習者に薄いかというと、生活すべてが英語である、という経験がほとんど持てない

からです。英語の教材も日本人の先生が書いたもので、英語の授業も日本人の先生に日本語で教わるのが通常です。教材の種類も試験対策を目的としたものが多く、テレビやラジオで英語を学ぶにしても、講師が用意したスクリプトがあるもので、管理下にあるものです。だから、自ずと英語とはそういうものだ、という先入観を得てしまいます。しかし、この学習環境は、日本に限らず、英語圏にいるのでなければ、どの国にいてもそれほど変わりません。ですから、自分の実生活の中で、この状況では英語ではなんというのだろう、と考える機会を増やし、生活と英語の距離を縮めていかなければなりません。また、実生活において英語で話す機会も少ないでしょうが、自分の話すべきことを英語だったらどの様に言うのだろう、と考えてみることも頻繁にしてみましょう。ただ、誤った癖がつかないように、時折、AI ツールでチェックしたり、オンラインのネイティブスピーカーの講師にチェックしてもらったりすることも必要です。近い将来、メタバース・仮想空間で、ヴァーチャルリアリティ（VR）とAIを用いた、言語も文化も完全に英語の世界といった英語学習の体験もできるようになるに違いありません。

「外国に行くと、日本で習った英語は役に立たないのですってね」というのは、幾度も耳にしますが、これは、大間違いです。そんな風評や根拠のない理由で、日本での英語学習を侮ってはいけません。役に立たないのは、日本での英語学習でさえおろそかにし、英語を実践で使えるための学習が足りなかったからと思われます。英語の達人となられている方々でも、英語を最初に学んだのが日本であるならば、外国に行けばその習った英語を使ったはずで、役に立ったはずなのです。立派に使いこなし、さらに英語圏にいる利点を活用し、達人となられているのです。英語圏を含め外国に留学・遊学したような日本の文豪は大勢います。その方々は、決して「日本で習った英語（外国語）は役に立たない」などと仰ってはいません。インターネット上には、ありとあらゆる英語学習教材が存在す

るうえに、SNSで、海外の人々との交流を持つことも実にたやすくなった今日では、日本で習う英語に加えて、さらなる学習ができるのです。

　また、留学すれば、海外で生活すれば、英語がペラペラになる、は、幻想です。期間にもよりますが、英語圏への留学や駐在をしても、自分の環境や行動により様々な理由で英語がうまくならない場合もありますので、あながち日本にいるから英語が上達しないのだ、と思うのは早合点です。

　学習は習慣が付くまで鍛錬が必要ですが、習慣が付き調子が出てくると当然のことのように続けられますので、それまで頑張ってください。毎日するといいのです。いやでも、したくなくても、する気がなくてもするのです。とにかくし始めれば、いいのです。わからないこと、疑問に思うことは、うやむやにしないで、疑問を解き正解を見つける努力をしましょう。この本の内容に関し、不備・不具合はもちろんのこと、難しいことやわからないこと、困った事があれば、私たちはＥメールの向こうにいますので、いつでもメッセージを送ってください。可能な限りご返事いたします。

　これから君のたどる人生は、学校も含めて、夢に溢れたものでしょう。英語という接点で、私たちは君の人生を応援しています。ゴールを決めそれに向かって進んでいきましょう。夢は夢で終わらせずに実現するものです。君の、ご健康とご健闘を祈り、この本を終えます。

　アダモービス社、米国バージニア州アーリントンにて、2023年秋

感　謝

　この本を書くにあたり、そのインスピレーションとなってくれた
当社のお客様の面々に感謝します。2013年4月からのお付き合い
ですが、ほぼ毎日1時間程度皆様学習されましたね。その中で、当
社が得たものは、数多くあります。学習には健全な精神が必要であ
ることが1つです。根拠のない恐怖心や先入観から、抵抗し、駄々
をこね、約束の時間を変え、当てこすりをし、空約束をし、空虚な
「がんばります」を言う、「できませんでした」となる、嘘をつく、
といった反抗期、そして、それまでの学習が足りなかったため、解
答があてずっぽうになり、考えるという精神活動を嫌うため、丸暗
記しようとする、考えるのが嫌という時期、叱りつつ、なだめつ
つ、おだてつつ、元気づけつつ、私どもも奮闘しました。しかし、
皆様早かれ遅かれ、学習に前向きになって、それから急速に学力が
伸びていきました。気負っていたものが取れたかのように、学習態
度が変わっていくのです。中間・期末試験で、国語も英語も平均点
以上を取れる程度になりました、クラスで5番になりました、と
いった報告を受けて、成果が出てきているなと思ったのが、各お客
様が学習を始められてから平均3~5ヵ月目くらいでした。このま
ま順当に学習を続け、目指す大学の学部の入試に受かることを切に
願ったことを覚えています。この当社の涙ぐましい努力と、それに
歯を食いしばってついてきてくれたお客様それぞれの努力の甲斐
あって、今では、それぞれに志望校に入り、大人になられ、各人の
夢に邁進しているご様子を伺うたびに、この仕事をしてきてよかっ
たと、スタッフ一同ほろりとすることもあります。お客様には、自
分が思う理想的な人生を生きてほしいと、日々お祈りをしています。

　また、この本が、実際の書籍になるよう、多大なお手伝いをいた
だいた三省堂書店／創英社の皆様方に深くお礼を申し上げます。

112

【編者】

アダモービス社

日本人の英語力を、世界で通じる総合的な英語力にする会社
(https://adamorbis.com, Email: readers@adamorbis.biz)。2012
年12月末、アメリカで創業。アメリカ人の英語のネイティブ
スピーカーと、日本語と英語の双方に堪能なバイリンガルス
タッフをそろえ、日本人英語学習者の英語総合力を養成する指
導を行う。

頑張るだけでは英語力は伸びませんよ
新高校生諸君！
志望校に合格し、使える英語力を！

2024(令和6)年1月16日　初版発行

編　　者	アダモービス社
発行・発売	株式会社 三省堂書店／創英社
	〒101-0051　東京都千代田区神田神保町1-1
	TEL：03-3291-2295 FAX：03-3292-7687
印刷・製本	大盛印刷株式会社